LA VIE DOMESTIQUE

SES MODÈLES ET SES RÈGLES

D'APRÈS DES DOCUMENTS ORIGINAUX

PAR

CHARLES DE RIBBE

TOME PREMIER

PARIS

ÉDOUARD BALTENWECK, ÉDITEUR

7, RUE HONORÉ-CHEVALIER, 7

AVANT-PROPOS

Tous les peuples ont traversé des crises politiques ou sociales, et ils en ont tous plus ou moins souffert; mais ce qui caractérise notre temps, c'est que le trouble et la désorganisation ont envahi jusqu'au foyer. On ne peut plus en douter : la vie domestique est atteinte dans les conditions normales et dans les premiers éléments de son existence. La statistique elle-même nous en avertit[1], *et le mouvement de la population, surtout depuis une vingtaine d'années, contient à cet égard des révélations affligeantes.*

1. « La réduction du nombre des naissances est permanente et semble prendre le caractère d'une loi... Le public français paraît avoir pris son parti de la diminution de la

Le XVIe siècle a été en proie à de grandes tourmentes. A-t-il présenté les mêmes caractères? Pour le savoir, il faut entendre les Français de cette époque. Nous les interrogeons, et ils nous répondent que, s'ils eurent la force nécessaire pour réagir contre les maux du dehors, ils le durent à la puissante constitution de la famille, asile où la meilleure partie de la nation retrouvait, avec les principes du bien, la dignité, le calme et la paix.

Rien n'est plus remarquable à cet égard que les témoignages d'hommes éminents, tels qu'Olivier de Serres, par exemple. Rien aussi ne nous a causé une plus douloureuse impression, en nous faisant faire un retour sur nous-mêmes; et, puisqu'il est temps ou jamais de rappeler les faits qui éclairent le fond des situations, nous nous sommes imposé la tâche de mettre en lumière un de ceux dont l'importance est de nature à frapper tout esprit droit.

population. Cette insouciance doit avoir un terme. Il y va de l'existence même de notre nation... Pendant que nous restons stationnaires ou que nous reculons, l'Angleterre et l'Allemagne s'accroissent chacune de plus de 400,000 âmes par an, ce qui fait en tout quatre millions en dix ans. » — Lettre écrite le 9 août 1876 à l'*Économiste français*, par M. Léonce de Lavergne, membre de l'Institut.

Combien aujourd'hui se découragent et désespèrent! « Le grand ressort, disent-ils, est brisé! » D'autres prennent leur parti de la destruction de la famille et croient qu'une société peut vivre heureuse sans elle. Des deux côtés, il y a un état moral funeste. Les plaintes sont inutiles, et une confiance aveugle dans l'avenir ne nous sauvera pas; il s'agit de savoir où est le vrai et d'y revenir.

Au nom de cette pensée, nous commençâmes, il y a dix ans, par publier l'histoire d'une famille du XVIe siècle[1]*. C'est un tableau authentique et exact de la vie domestique, telle que la pratiquaient nos ancêtres, et il nous est retracé avec une simplicité pleine de charme par Jeanne du Laurens, fille d'un très-modeste médecin de la ville d'Arles et sœur de huit frères qui tous s'étaient élevés par la vertu et le travail.*

Du XVIe siècle jusqu'à nos jours, où sont nées les forces qui ont permis à la France d'acquérir tant de gloire et de supporter, sans y périr, tant

1. *Une famille au XVIe siècle*; Paris, Baltenweck, 3e édition augmentée de nouveaux documents (sous presse).

de violentes commotions? Comment, au XVIIIe siècle, la corruption de Paris et de Versailles a-t-elle été circonscrite et contrebalancée? Et, au sortir de la révolution, à quelles réserves notre pays a-t-il dû de se relever de ses ruines? En d'autres termes, quelle a été à tous les degrés la manière d'être des races dont la sève énergique soutenait l'essor du pays? races fécondes de propriétaires fonciers, de soldats, de magistrats, de jurisconsultes, de notaires, de médecins, etc...; familles nobles ou bourgeoises, familles du peuple, familles rurales surtout, depuis la plus illustre jusqu'à la plus humble!

A qui le demander? si ce n'est à ces familles elles-mêmes.

Nous nous sommes donc adressé à elles; nous sommes allé les saisir dans leurs Livres de raison, dans leurs contrats de mariage, dans leurs testaments et papiers domestiques. Nous avons appris de la sorte, et sans erreur possible, ce qu'étaient chez elles le respect de Dieu, du père, de la femme, de l'enfant, l'autorité paternelle, les éducations, l'esprit de conservation, d'initiative et de progrès. Elles étaient sous nos yeux; elles nous racontaient comment la France s'est longtemps gouvernée en paix dans ses foyers, dans ses ateliers, dans ses corporations, dans ses communes, dans ses provinces. Que si l'on découvre dans les institutions du passé une partie périssable, il en est une autre qui demeure éternelle. C'est celle-ci que nous cherchions, et les faits nous la montraient toujours jeune, toujours retrouvant une nouvelle vie, tant que les principes nécessaires sur lesquels elle repose n'ont pas été ébranlés.

Les résultats de nos études furent condensés, en 1873, dans un livre sur les familles et l'ancienne société françaises [1].

Cette œuvre venait de paraître, lorsque de divers côtés on voulut bien émettre le désir de la voir compléter. « On se prend à souhaiter très-vivement, disait un bienveillant critique, que M. de Ribbe, qui du reste en a déjà publié un, nous fasse connaître en entier plusieurs des principaux Livres de famille. C'est désormais son domaine; il lui appartient de nous y faire pénétrer [2]. »

1. *Les Familles et la Société en France, avant la Révolution, d'après des documents originaux*; 2 vol. in-12; Paris, Baltenweck, 1876, 3e édition.

2. A. Geffroy, *Revue des Deux-Mondes*, 1er septembre 1873.

Le domaine où la confiance d'un grand nombre de familles nous avait donné accès est en effet des plus étendus, et il est fécond en découvertes. Dès le premier jour où nous y sommes entré, nous avons éprouvé l'impression du voyageur, qui, sortant du tourbillon des villes, parcourt les riants paysages des contrées où la nature garde son éternelle jeunesse. Ce voyageur se promène au milieu de spectacles toujours semblables et cependant toujours nouveaux. Il se plonge dans le creux des vallées, il gravit les hautes cimes; il voit naître des flancs de la montagne et couler paisiblement dans de vertes prairies les sources pures, qui peut-être se changeront plus loin en torrents troubles et boueux par la faute et l'imprévoyance des hommes. Et nous aussi, après avoir lu beaucoup de Livres de famille, nous eussions voulu en dérouler toutes les pages sous les yeux du public. Mais, s'il est facile de trouver des modèles, il l'est infiniment moins de les mettre au jour. Comment révéler dans ce qu'ils ont eu de plus intime tant d'intérieurs domestiques? Comment triompher chez les intéressés d'une réserve si naturelle?

Ce qu'il ne nous avait pas été permis de faire autant que nous l'aurions souhaité, nous pouvons enfin le réaliser, grâce à une rare bienveillance qui s'est inspirée de la pensée du bien public. Une très-honorable famille du département de Vaucluse nous a communiqué et elle nous autorise aujourd'hui à laisser sortir de l'intimité, pour laquelle il avait été écrit, un Livre de raison, dont le fond éminemment remarquable en lui-même est encore relevé par le charme de la forme.

On ne peut lire sans émotion les pages dans lesquelles Antoine de Courtois décrit si simplement, et avec une si vive éloquence, tout ce qui constitue la vie et le bonheur domestiques, et où il fait admirer en lui le type du vrai père et du bon citoyen. On y trouve et l'on y goûte une véritable jouissance morale. L'air salubre qu'on y respire et le parfum exquis de haute sagesse et de raison pratique qui s'en exhale produisent une sorte de rafraîchissement, dont on garde la douce influence. Aussi partagera-t-on nos sentiments de reconnaissance pour la famille, dépositaire d'un tel trésor, qui a bien voulu nous permettre de le produire au grand jour.

En regard de cette famille essentiellement rurale, nous avons placé une famille de Paris qui, un siècle auparavant et sur le plus vaste des théâtres, avait personnifié en elle les mœurs des anciennes classes dirigeantes de l'État. Dans les Conseils d'Antoine de Courtois à ses enfants, se manifestent l'autorité et le dévouement paternels; dans les Enseignements du chancelier d'Aguesseau aux siens sur la vie et la mort de son père, le respect filial se traduit de la manière la plus noble et la plus touchante. Ici les lieux, les temps, les personnages et le spectacle sont changés : l'esprit est le même.

Ces deux modèles ont-ils été des exceptions? Les nombreux foyers que nous avions décrits avaient-ils appartenu, eux aussi, à une catégorie à part?

Telle est la question que nous nous sommes ensuite posée; et, pour la résoudre, nous avons interrogé de siècle en siècle les monuments de la tradition; nous sommes remonté jusqu'à l'antiquité la plus reculée, et, sortant de l'Europe, nous avons exploré des pays absolument étrangers à notre civilisation.

Nous publions beaucoup de textes propres à mettre en relief les principes.

Quels sont ces principes? D'où viennent-ils? Et qui a eu le pouvoir de les faire pénétrer dans la conscience des peuples, au point de produire partout et chez toutes les races, aux époques de grandeur, les mêmes idées, les mêmes mœurs et les mêmes institutions?

Il y a des témoins nécessaires à entendre : ce sont les familles qui, en tout temps et en tout lieu, ont démontré le vrai par leurs actes et par leurs succès.

Or, leurs réponses sont concordantes et unanimes. Quelle est la cause d'un tel phénomène?

Si haut qu'on remonte dans le passé, on trouve des hommes qui, voulant gouverner en paix leur foyer et leur pays, s'inspirent d'un modèle plus ancien encore et toujours immuable.

Tel est l'objet de nos observations d'histoire. Voilà comment notre enquête, qui a son point de départ, en 1812, dans une vallée du département de Vaucluse, se continue à travers les âges, et conduit le lecteur aux Livres saints, à la Bible, au monument par excellence de la tradition.

Rapprochés les uns des autres, des faits si considérables ont une valeur dont il est impossible de ne pas tenir compte. Nous avons trop oublié les conditions pratiques du bien ; nous avons presque perdu de vue les vérités premières, les idées simples, et, pour tout dire en un mot, cette voie droite dans laquelle ont marché sûrement d'innombrables générations. De vains mots nous enivrent ; un funeste esprit de discorde nous aveugle et nous égare. Pendant que le mal s'attaque de plus en plus aux sources mêmes de la vie pour les corrompre, nous nous isolons au point de ne savoir plus nous unir pour le salut de nos familles et de notre pays.

Plus de récriminations! mais la paix dans les cœurs et l'union de toutes les bonnes volontés! Les colonnes maîtresses de tout ordre social, qui toujours avaient été respectées, sont chez nous aujourd'hui à demi renversées, et elles menacent de retomber sur nos têtes. Il est donc urgent de se demander sur quelles bases elles doivent être redressées par un suprême effort des gens de bien.

Deux volumes marquent la division du présent ouvrage.

Le premier est consacré à faire connaître les modèles. Le second expose la tradition et les règles, en dehors desquelles les hommes n'ont jamais trouvé le bonheur, et sans lesquelles il n'y a même point de société possible.

LES MODÈLES

LIVRE PREMIER

UNE FAMILLE RURALE

LIVRE PREMIER

UNE FAMILLE RURALE

CHAPITRE PREMIER

LA VALLÉE DE SAULT.

Au sud-est de la France, et sur les limites des départements actuels de Vaucluse, de la Drôme et des Basses-Alpes, la petite ville de Sault s'élève au centre d'une agreste vallée, parsemée de plusieurs villages, Aurel, Monnieux, Saint-Christol, Saint-Trinit, pour lesquels elle a eu le privilége d'être pendant des siècles une sorte de capitale, et qui, sous la souveraineté du roi de France et sous une seigneurie constituant une véritable autonomie, présentait, encore à la veille de la révolution, le curieux spectacle d'une fédération organisée pour la gestion et la défense des intérêts locaux.

Pays plein de souvenirs, bien qu'il n'ait jamais fait beaucoup de bruit dans le monde ! Il en est peu d'aussi isolés et qui offrent cependant plus de sujets d'observation.

Entrons-y avec la pensée qu'il y a là plus d'une découverte importante à faire, des horizons, des sites, des hommes, des familles, des mœurs, des institutions, des monuments même à connaître ; et nous arriverons ainsi à bien voir sous son vrai jour l'œuvre par excellence, qui résume ces souvenirs et ces mœurs en quelque sorte dans tout leur suc.

Il n'est guère, dans le Midi, de vallée plus pittoresque que celle de Sault. Son territoire d'environ 25,000 hectares s'étend sur le versant sud du mont Ventoux et sur les revers septentrionaux du mont de Vaucluse et de Lagarde. Là, dans l'espace compris entre les villes d'Apt, de Carpentras, de Nyons et de Forcalquier, se trouve un haut plateau dont l'altitude moyenne est de 800 mètres, et qui est enfermé de tous côtés par des chaînes de montagnes. Lorsqu'on quitte Avignon et ses plaines d'alluvion, les riantes contrées où coulent le Rhône, la Durance et la Sorgue, et qu'on monte dans la direction de Sault, tout saisit par le contraste. A mesure qu'on gravit la côte, l'air devient plus vif, le climat se refroidit, le paysage prend de nouveaux aspects.

L'olivier, ne trouvant plus les chaudes expositions où sa souche semble puiser une éternelle vie dans un bain de soleil et de lumière, s'arrête là, par crainte de ne pouvoir y mûrir ses fruits et de succomber à la rigueur des hivers. Le mûrier disparaît, la vigne elle-même cesse d'être cultivée. En revanche, le noyer, l'amandier, le pommier y prospèrent. Les céréales et le bétail y sont les bases traditionnelles de l'agriculture du pays, de cette agriculture propre aux régions montagneuses qui ne donne pas rapidement la richesse, comme celle des contrées viticoles où l'or pleuvait avant l'invasion du phylloxera, mais qui mesure l'aisance au travail et l'élève moralement en le plaçant sous l'égide d'un solide esprit de famille. A voir ce pays avec ses agrestes et sévères beautés, on se croirait transporté dans les Alpes; mais ses rochers gardent tous les parfums balsamiques des collines du littoral méditerranéen. Les plantes aromatiques, la lavande, le thym, le romarin, le serpolet, l'aspic, y abondent; elles y sont distillées et produisent des eaux de senteur, de précieuses essences [1];

1. On estime que les communes du Ventoux retirent environ 50,000 francs par an des essences de lavande.

elles permettent aussi d'y multiplier les essaims d'abeilles, qui donnent un miel excellent. On entendra bientôt un disciple d'Olivier de Serres y parler à ses enfants de ses travaux d'agriculteur, devancer par ses enseignements, comme par sa pratique, les progrès que les sociétés agricoles ont vulgarisés dans les quarante dernières années, et joindre à ces leçons de son expérience les plus beaux conseils de sagesse.

Notons un détail sur la constitution physique de la vallée : elle est verdoyante, mais les sources manquent généralement, là où l'on croirait qu'elles doivent être inépuisables.

La cause en est dans un curieux phénomène local : le sol caillouteux et très-perméable est de plus profondément crevassé en certains endroits. On montre du côté de Saint-Christol, au milieu des rochers et des terres, d'insondables cavités ayant l'aspect de cratères et qui sont nommées dans le pays des *Avens*. Elles s'entr'ouvrent aux époques d'orage, et on les a vues absorber en quelques heures de véritables lacs. Aussi les pluies ne semblent tomber dans ce cirque de montagnes, que pour aller alimenter au loin la célèbre fontaine de Vaucluse. Au nord, se trouvent les sources minérales de Montbrun, fréquentées et recherchées pour leurs vertus curatives. La vallée en offre une sulfureuse, où les habitants vont faire gratuitement des cures. Au fond de ce petit bassin géographique, la rivière de la Nesque s'est creusé un lit où se déroule son mince filet d'eau qui, réuni à la Sorgue, va se jeter dans le Rhône au-dessus d'Avignon.

Malgré le déboisement et l'extension des landes dénudées, le pays conserve de précieuses richesses forestières. Il est presque une oasis, au milieu de l'Arabie Pétrée des parties montueuses de l'aride Provence.

Quand on est sur le plateau, on a laissé derrière soi les taillis de chêne vert, on est entré dans la région du hêtre et du chêne rouvre. On contemple et on admire de vrais arbres, aux majestueuses proportions, aux fortes membrures, avec des cimes vigoureuses qui filent droit et montent à vingt mètres de hauteur. Il n'y a rien de plus beau dans les futaies de chênes du nord et du centre de la France. Quelques-unes de celles de Sault datent de deux siècles; elles restent debout, par une sorte de prodige; elles représentent les derniers débris d'un monde végétal, qui s'en va avec les familles dont les vertus d'épargne et la stabilité trouvaient là leur image. Aujourd'hui, elles sont très-clairiérées, et sous leur ombre se sont formés naturellement des prés-bois, servant au pâturage.

Chose plus remarquable encore ! on peut entendre raconter à Sault l'histoire de futaies, qui sont les produits de semis effectués, il y a quatre-vingts ou cent ans, sur des terrains stériles. L'homme éminent dont la famille, la vie et le Livre domestique vont nous occuper, a été le créateur de l'une d'elles, dont il voulut enrichir et embellir le domaine de ses ancêtres. De simples paysans ont fait de même. De petits propriétaires jetaient en terre des glands de chêne, au moment où toutes les coutumes conservatrices de l'ancienne France étaient frappées à la racine ; ils honoraient la mémoire de leurs pères, en continuant et accroissant leur œuvre.

« *Et majores vestros et posteros cogitate* : voilà ce que tout Anglais sait lire sur le fronton de la maison de ses pères, qui lui rappelle l'indépendance dont ils ont joui et dont il est à son tour responsable devant sa postérité [1] ». Les citoyens de Sault avaient cet esprit et ces mœurs. Ce que Burke disait des familles historiques siégeant à la Chambre des lords, pouvait s'appliquer aux modestes

1. De Montalembert. *De l'avenir politique de l'Angleterre*, Paris, 6e édit., 1860, p. 123.

familles de la vallée que nous explorons. Burke parlait de ces grands chênes qui perpétuent leur ombrage sur une contrée, de génération en génération [1]. Ici, nous voyons les chênes du haut plateau de Sault naître, s'élever et s'étendre, en thésaurisant pour de modestes cultivateurs le plus sûr des éléments de fortune. Un hectare de landes qui n'aurait pas valu deux cents francs, il y a un siècle, porte maintenant un capital en bois de six mille francs [2]. On en cite plus d'un exemple, et ces exemples sont encore suivis.

Pays salubre pour le corps, pays sain pour les âmes.

Les montagnes n'ont pas seulement le privilége de nous offrir, avec les grands spectacles de la nature, les paysages les plus gracieux, les scènes les plus riantes. Elles ne sont pas seulement des réservoirs d'air pur où se retrempent les tempéraments et se refont les santés maladives. Elles remplissent aussi dans l'économie des sociétés un rôle fécond, partout où les ferments du mal ne viennent pas du dehors y désorganiser les forces

1. Lettre écrite en 1772 au duc de Richmond.

2. *Note sur les forêts de l'ancien Comté de Sault*, par M. Bedel, conservateur des forêts. — *Revue agricole et forestière de Provence*, 1865, p. 335 et suiv.

du bien. C'est dans les replis de leurs fraîches vallées que les familles, comme les arbres, jettent leurs plus profondes racines; les souches domestiques y sont un peu comme les souches végétales. Elles font mieux que de garder les principes conservateurs de la vie, elles les communiquent autour d'elles; et de jeunes et nombreux rejetons, bien dressés sous l'action d'autorités paternelles honorées et de coutumes religieusement suivies, vont porter au loin, dans des contrées plus riches, mais plus exposées à se corrompre, les exemples et les modèles qui réforment les mœurs. Une bonne organisation agricole est le trait distinctif de la solidité des institutions d'un peuple. L'agriculteur apprend chaque jour, par le travail qu'il lui faut dépenser, pour empêcher le bon grain d'être étouffé par le mauvais, comment devront être élevés les enfants et quelle est à cet égard l'importance de la direction et de la tradition qui président à la vie du foyer. Il le sait encore mieux en montagne; la terre y coule dans les orages, les torrents y rongent et ravinent le sol nourricier, et un dur labeur, joint à l'union de tous les membres de la famille, peut seul y prévenir de véritables ruines. Mais aussi l'agriculteur s'y sent plus près de Dieu, et, confiant en sa Providence, il connaît là mieux qu'ailleurs le prix de cette sagesse qui inspire aux pères le dévouement, aux fils la soumission, et à tous le respect.

Les païens eux-mêmes en avaient conscience. Pline-le-Jeune nous dit quel rassérénement il éprouvait à quitter Rome et à se retirer dans ses terres de Toscane, au sein des vallées de l'Apennin. « Rien n'est plus commun, écrivait-il à un ami, que d'y voir des jeunes gens qui ont encore leur grand-père et leur bisaïeul, que d'entendre les jeunes gens raconter de vieilles histoires qui datent de leurs ancêtres. Quand vous y êtes, vous croyez être dans un autre siècle [1]. »

Et Cicéron d'opposer à cet esprit celui des centres de population maritimes : — « Les villes maritimes ont à craindre la corruption et l'altération des mœurs. Elles sont le rendez-vous des langues et des coutumes de la terre. Les étrangers y apportent leurs mœurs, en même temps que leurs marchandises ; à la longue, toutes les institutions nationales sont attaquées, aucune n'échappe. Ceux qui habitent les ports ne sont pas fixés à leurs foyers... Il n'est pas de cause qui ait plus influé sur la décadence et sur la ruine de Carthage et de Corinthe...

1. Liv. V, lett. 6.

« D'un autre côté, les villes maritimes sont assiégées par le luxe. Tout les y porte... ; on y respire le goût d'une vie fastueuse et molle... [1]. »

Ces philosophes de l'antiquité, bien différents des lettrés de nos jours, avaient, sur les points où la grande lumière morale ne leur manquait pas, toute une pratique avec laquelle contrastent notre phraséologie superficielle et notre infatuation pour les théories spéculatives. Nous parlons beaucoup de la science ; nous prônons la méthode scientifique à tout propos, et exclusivement pour tout ce qui est du domaine de la matière ; mais qu'en faisons-nous dans l'étude sérieuse et exacte des choses morales ? Et comment traitons-nous les plus graves problèmes, desquels dépendent l'existence et le sort futur de la patrie française ?

« Depuis longtemps, disait-on naguère, il y a comme une diminution du sentiment sérieux de la vérité, une sorte de dédain ou d'oubli de la précision, de l'exactitude, qui se traduisent par un *à-peu-près* en toutes choses, dans l'action, comme dans la pensée. C'est l'esprit d'à-peu-près qui règne et gouverne sous toutes les formes et sous des noms divers. Il a remplacé dans l'enseigne-

1. *De la République*, liv. II, 4.

ment les fortes méthodes et les vigoureuses disciplines, par lesquelles se formaient les intelligences; il s'est substitué à la critique dans les jugements littéraires, aux traditions de gouvernement dans la politique, à la rectitude morale dans les luttes de la vie. Il a envahi sous le nom de fantaisie le domaine de l'histoire [1]. »

Quels services ne rend donc pas à notre pays celui de nos contemporains qui, après avoir, mieux que personne, décrit ce mal dans ses conséquences sociales, nous remet sur la voie de l'étude expérimentale du vrai et du bien, démontrés par les faits méthodiquement observés! Nous aurons souvent l'occasion, dans les pages qui suivront, de mettre en pleine évidence les solides et forts enseignements établis sous ce rapport de toute ancienneté, consacrés par la tradition et par la religion elle-même, soutenus par un patriotisme auquel l'éducation empruntait un stimulant énergique. M. Le Play a remarqué avec raison que l'étude des modèles a été pratiquée par tous les peuples qui ont su se maintenir puissants et prospères, qu'elle était d'un usage habituel chez les Grecs, que les Romains en firent un des objets de

1. Charles de Mazade. *L'examen de conscience après la défaite.* — *Revue des Deux-Mondes*, 1er avril 1875.

la science du gouvernement [1], et que le moyen-âge s'en est servi avec un égal succès pour organiser ses institutions communales [2], corporatives, universitaires [3], représentatives, politiques. Notre société souffre, c'est un fait indubitable, et les révolutions incessantes qu'elle subit en sont la preuve trop manifeste. Or, demande M. Le Play à quiconque veut réfléchir, où est le moyen pratique de la guérir des maux qui la désorganisent, et de nous guérir nous-mêmes de nos idées préconçues, vagues, confuses et contradictoires? Les meilleurs ont peine à se défendre contre les erreurs et les passions dominantes. Il devient de plus en plus difficile, même pour de bons esprits, de s'entendre sur les moindres réformes. N'est-ce pas le temps ou jamais de nous plonger dans l'observation, de nous adresser à l'expérience, de pénétrer dans le vif des réalités qui nous échappent, de rechercher dans quelles conditions la vertu s'est toujours conservée parmi les hommes?

1. Le Play. *L'Organisation du travail*, selon la coutume des ateliers et la loi du Décalogue; 3e édit., ch. VI, § 62.

2. M. l'abbé Defourny signalait naguère, dans son livre sur la *Loy de Beaumont-en-Argonne*, le fait de l'adoption de cette coutume remarquable par plus de 500 communes du nord-est de la France.

3. Il est presque superflu de noter que toutes les Universités de l'Europe s'organisèrent au moyen-âge sur le modèle de celle de Paris.

Ce qu'on peut recommander en pareille matière est de commencer par étudier son propre foyer, le milieu où l'on vit, la localité, puis la région que l'on habite, et de se poser cette simple question : Comment tout cela s'est-il créé et a-t-il progressé? L'arbre se juge par ses fruits : les œuvres du bien seules durent, elles nous disent où sont les vrais principes; celles du mal périssent comme elles sont nées.

Lorsqu'on étend ainsi ses observations de proche en proche et qu'on arrive à l'histoire comparée des races, on ne tarde pas à voir à quel point cette histoire reproduit toujours deux périodes qui se succèdent presque invariablement.

Il y a la période du bien; c'est celle où les grandes choses se font et se fondent, où la vertu fait régner la prospérité. Il y a ensuite celle où la corruption née des abus de cette prospérité donne la puissance au mal, engendre le désordre, la souffrance.

« Ces mouvements alternatifs vers le bien et vers le mal, observe l'éminent moraliste, procèdent toujours des mêmes causes et aboutissent aux mêmes résultats. L'ère de la réforme est amenée par des calamités nationales : le peuple voit ses fautes et veut les réparer; il revient à Dieu, prie et fait pénitence; pratiquant le bien, il reprend sa force, retrouve l'abondance et restaure la prospérité. Mais ce bien-être dure peu : le peuple, dans son fol orgueil, en oublie le Souverain Auteur; il viole de nouveau la loi divine, abuse de sa puissance et de sa richesse; il retombe enfin dans la corruption qui ramène la souffrance [1]. »

Cependant certaines contrées font exception à cette loi. Ce sont celles qui, se trouvant préservées par leur isolement de la corruption du dehors, et des abus de la richesse par les conditions d'une vie où toutes les classes se soumettent au devoir du travail, ont pu jusqu'à ce jour, depuis les temps les plus anciens, garder les grands principes de l'ordre moral solidement établis sur une coutume dont les pères de famille, sous l'égide de la religion, enseignent et transmettent la pratique à leurs descendants. Ces points qui demeurent invariablement libres et prospères se reconnaissent partout aux mêmes traits; ils se trouvent presque partout disséminés dans de petites régions montagneuses; et c'est là qu'il faut aller étudier les modèles, car

1. Le Play. *La Question sociale et l'Assemblée.* Réponse aux questions des députés membres de l'*Union*. — *Correspondance n° 4 de l'Union de la paix sociale*, 1874, p. 17 et 18.

ils se conservent là pour notre instruction. La vallée de Sault est un de ces modèles.

Nos lecteurs pourront s'assurer, par les textes que nous aborderons, combien ces vérités d'expérience sont confirmées par les monuments de la tradition religieuse et par le témoignage du genre humain. Ici, bornons-nous à exprimer le profit et l'intérêt que nos contemporains retireraient de semblables études, s'ils voulaient s'y livrer, ou, tout au moins, s'employer à les mettre en lumière, à les faire connaître et en propager les résultats acquis.

Il nous a été donné d'en goûter le charme, non-seulement en nous attachant à décrire l'existence de familles distinguées et plusieurs fois séculaires [1], mais aussi en recherchant comment et sur quelles bases se sont établies les races des paysans de la Provence, surtout dans les parties montagneuses; et nous ne pouvons mieux caractériser les mœurs de la vallée de Sault, qu'en nous reportant à ces observations.

On ne sait presque plus de nos jours ce qu'était,

1. Nous avons cité, dans notre livre sur *Les Familles*, t. I, p. 214-216, les Devdier d'Ollioules, près Toulon (Var), dont les papiers domestiques retracent l'histoire depuis l'année 1250 jusqu'à nos jours.

ce que représentait autrefois dans nos campagnes la qualification si expressive de *ménager*. Le *ménager* était le petit propriétaire foncier qui cultivait lui-même ses champs héréditaires, sans avoir besoin du travail d'ouvriers salariés, et sans descendre jamais à cette condition. Il avait au plus haut degré conscience de sa situation indépendante, et il a été pendant des siècles une des pierres angulaires du vieil édifice des libertés locales; il en résumait dans sa famille l'esprit d'ordre et d'économie, la règle, la tradition populaire. Nous avons suivi ces ménagers avec une véritable prédilection, à travers l'histoire, depuis l'an 1200 jusqu'en 1789. Nous avons essayé de les décrire dans leur coutume et aussi dans leur costume. Nous les avons vus en action, d'une frugalité et d'une simplicité de vie qui ne se démentaient jamais, et en même temps d'une distinction de sentiments qui les élevait au niveau des classes supérieures; assez instruits souvent pour être en état d'écrire leur testament, sans recourir à un notaire; ayant leurs livres de comptes, rédigeant leur généalogie de la même main qui venait de tenir le manche de la charrue; enfin, dans les conseils municipaux de l'époque, où ils avaient leur place marquée et dont les procès-verbaux de délibérations gardent beaucoup de leurs signatures, n'étant point embarrassés de siéger et d'opiner à côté des bourgeois, revêtant comme eux les beaux insignes de la magistrature consulaire, le chaperon [1].

Ces *gentlemans* rustiques et aux mains calleuses, mais dont la noblesse de cœur était égale à la droiture de leur esprit, ont, depuis les temps les plus reculés (les cadastres en témoignent), constitué la petite propriété dans le midi de la France, et ils nous donnent l'explication d'un problème bien fait pour nous intéresser, celui de la longue durée des petites démocraties communales, dans des pays où les imaginations et les passions sont naturellement si incandescentes. Ils personnifient à nos yeux les races qui, dans toutes les langues, ont porté avec honneur le nom de *paysans;* et c'est à ces races qu'il faut s'adresser, pour découvrir le roc sur lequel l'ordre public repose.

Ils ont disparu déjà presque partout, avec leurs

1. Ch. de Ribbe. *L'Organisation et la transmission de la propriété chez les paysans de l'ancienne Provence, dits Ménagers,* t. III de la collection des *Ouvriers des Deux-Mondes.*

Ces fortes mœurs rurales ont trouvé, de nos jours, un grand peintre dans M. Frédéric Mistral, qui s'applique à restaurer l'ancienne langue de la Provence et qui a produit tant de chefs-d'œuvre de poésie, inspirés par le vif sentiment de nos meilleures traditions.

traits essentiels. Dans les régions de la France où nous les retrouvons, comme à Sault, conservant avec le toit paternel leurs bonnes mœurs, ils le doivent à une situation exceptionnelle.

Sur les parties les plus hautes du plateau de Sault, à Saint-Christol et à Saint-Trinit, on peut encore admirer les héritiers des anciens ménagers. On peut contempler là des modèles qui valent bien qu'on s'arrête au seuil de leurs demeures, et qu'on leur témoigne de la sympathie et même le plus vif intérêt. Là sont des familles de paysans propriétaires, établies depuis des siècles dans de petits domaines, où les fils succèdent aux pères, domaines qui ont été sauvés de la destruction par l'esprit d'attachement au foyer, comme par les difficultés du morcellement.

Les enfants continuent d'y être élevés dans la pensée que la maison des ancêtres ne peut pas, ne doit pas sortir de la famille, que l'ancienneté du nom et de ce domaine, identifiés l'un à l'autre, est pour eux d'une valeur inappréciable, que la sacrifier à un calcul exclusivement personnel et égoïste serait forfaire au premier des devoirs. La coutume est telle, ou du moins a été telle jusqu'à ce jour, que le plus souvent on la respecte. On n'abandonne pas les vieux parents, on ne se dispute pas avec âpreté les lambeaux de la terre patrimoniale, pour les revendre ensuite et émigrer dans les villes. On sait ce que cette terre a coûté de sueurs et d'épargne pour la conserver et la faire prospérer, et, du reste, l'intérêt de tous est de laisser la famille en situation de les aider, quelle que soit la carrière à laquelle ils se destinent, et de leur garder, s'il est besoin, un asile sous le toit paternel [1].

Le père fait religieusement son testament, selon la tradition et la pratique de ses devanciers. Son ardente préoccupation est d'assurer l'avenir de son foyer. Cet avenir repose sur un des enfants, qui a consenti de bonne heure à se dévouer, en demeurant près de lui et devenant l'auxiliaire de ses travaux.

Nous avons raconté ailleurs, et analysé avec des détails qu'il nous serait difficile de reproduire ici, l'économie du régime [2]. Bornons-nous à dire que

1. Consult. sur ce sujet la *Note sur l'organisation de la famille dans le département de la Drôme*, par M. Eug. Helme, juge au tribunal de Saint-Marcellin. — *Bulletin de la Société d'économie sociale*, 1867, p. 263.

M. Helme raconte que, dans le canton de Séderon, voisin de celui de Sault, il n'est pas rare de voir des puînés abandonner spontanément, et comme par obligation, la quotité disponible à l'héritier, au *soutien de la maison*, lorsque le père, surpris par la mort, n'a pas eu le temps de la lui donner ou de la lui léguer.

2. Voir, dans notre livre sur *Les Familles*, le chapitre intitulé : « Le Testament et l'Héritage paternel. »

le *Soutien de la maison* (c'est le nom qui lui est donné) n'a pas toujours un sort des plus enviables, et il faut plus d'une fois toute la puissance de la tradition pour lui en faire accepter les charges. Le devoir est rude, et aujourd'hui nos lois le rendent écrasant [1]. Il consiste à travailler gratuitement et sans relâche pour les intérêts de la communauté, à sacrifier ses goûts et son indépendance, à soigner les parents vieux et infirmes, à supporter les risques des mauvaises années, et cependant à épargner par un labeur énergique, et sans engager le capital, les sommes nécessaires à l'établissement des frères et des sœurs. Par quels efforts et quelles combinaisons l'héritier parvenait-il à remplir sa mission, de manière à trouver ensuite les moyens d'établir ses propres fils et filles? En quoi un tel régime fondé sur l'exercice de l'autorité paternelle, et sur le puissant ressort de l'initiative individuelle, se distingue-t-il essentiellement des tristes abus d'un droit d'aînesse dégénéré? M. Le Play

1. Il y en a bien des causes, et M. Claudio Jannet les a mises en évidence dans un travail plein de faits sur les *Résultats du partage forcé des successions en Provence*, 1 broch. in-8, Paris, Durand, 1871. — Il suffit de constater ici que l'héritier succombe sous le poids de l'hypothèque, parce que les soultes en argent à payer sont trop fortes, surtout si la famille compte beaucoup d'enfants.

a jeté sur tous ces points la plus vive lumière, en faisant vivre sous nos yeux la *Famille-souche*, telle qu'elle s'est constituée spontanément partout, comme l'expression du plus haut degré de moralité, de dignité et de progrès des classes rurales et même urbaines[1], telle qu'elle subsiste aussi partout où les lois civiles ne s'emploient pas à la désorganiser[2]. C'est par la famille-souche que la race anglo-saxonne déborde sur le monde, avec une force d'expansion qui n'a d'égale que son esprit de conservation[3]. C'est par ses *planters* et ses *farmers* que l'Amérique du Nord s'est défrichée et s'est donnée ses libres institutions[4]. La France avait en elle la même sève, lorsqu'elle colonisait le Canada.

Les mœurs que nous venons d'esquisser, et que

1. Le Play. *La Réforme sociale en France*, déduite de l'observation comparée des peuples européens; 5e édit., 3 vol. in-12, Tours, Mame, 1875; t. I, chap. XXX.

2. Le Play. *L'Organisation de la famille*, selon le vrai modèle signalé par l'histoire de toutes les races et de tous les temps; 2e édit., 1 vol. in-12, 1875.

3. L'éminent écrivain dont nous indiquons ici les travaux vient de les compléter en traçant une monographie de société, d'après la méthode déjà suivie dans les monographies de familles. Cette publication, faite avec le concours de M. A. Delaire, est intitulée : *Constitution de l'Angleterre*, 2 vol. in-12.

4. Claudio Jannet. *Les États-Unis contemporains*, ou les mœurs, les institutions et les idées depuis la guerre de sécession; 1 vol. in-12, Paris, Plon, 1875.

nous allons voir traduites si éloquemment à Sault dans un Livre de famille modèle, ne lui sont donc pas particulières; elles représentent le principe de vie que de grands peuples ont mis au cœur même de leurs institutions sociales, civiles et politiques. Ce qu'il en reste encore dans notre pays passe inaperçu; on ne soupçonne pas la salutaire influence que ces débris, si amoindris qu'ils soient, ont sur la santé morale de la nation; on ne sait pas quelles réserves d'hommes et de forces les régions où la famille-souche se défend par ses vertus contre la loi et les gens de loi, envoient à celles qui sont livrées au fléau de la famille instable. Des hauts plateaux des Alpes, des Pyrénées, des Cévennes, de l'Auvergne, du Jura et des Vosges, descendent des hommes qui ont la crainte de Dieu, respectent le père, et regarderaient comme un crime d'abandonner les vieux parents avec la maison paternelle. Cette maison demeure sans cesse présente à la pensée des émigrants; ils n'aspirent qu'à y rentrer et à y terminer leur vie. On voit encore cela à Sault. Avec de tels hommes, et surtout grâce à de si excellentes familles, la société française a pu lutter jusqu'à ce jour contre les effroyables haines qui menacent de la jeter au plus profond des abimes.

Il y a soixante ans surtout, à l'époque où se placeront nos récits, le moindre des propriétaires de Sault pouvait ressentir à son foyer le légitime orgueil, l'épanouissement de cœur et la douce quiétude que Cicéron venait goûter à Arpinum :

« *Ici est ma vraie patrie et celle de mon frère Quintus; ici nous sommes nés d'une très-ancienne famille; ici sont nos sacrifices, nos parents, de nombreux monuments de nos aïeux. Que vous dirai-je? Vous voyez cette maison et ce qu'elle est aujourd'hui : elle a été ainsi agrandie par mon père. Enfin, sachez que je suis né en ce lieu, mais du vivant de mon aïeul, du temps que, selon les anciennes mœurs, la maison était petite comme celle de Curius, dans le pays des Sabins.*

« *Aussi, je ne sais quel charme s'y trouve qui touche mon cœur et mes sens* [1]. »

Sentiments qui sont de tous les pays et de tous les temps! Ils sont l'honneur de la nature humaine, un des grands ressorts dont elle a besoin pour porter le poids de la vie; ils ne sont pas seu-

1. *Des Lois*, II, 1.

lement le partage d'une classe, ils ennoblissent les petits comme les plus haut placés, et là même est la source de la vraie noblesse. Les civilisations antiques, nous aurons plus d'une fois l'occasion d'en donner la preuve, leur durent les éléments d'ordre moral qu'elles gardèrent dans les vices de l'idolâtrie. Les Romains y puisèrent ces fortes mœurs qui les rendirent les maîtres du monde et dont Bossuet a tracé un tableau si digne de lui [1]. Des centaines de millions d'hommes en Orient se maintiennent en paix par la seule puissance de leurs traditions domestiques, et c'est en contemplant la quiétude dont la propriété permanente du foyer est le gage pour eux, dans toutes les classes, que l'on comprend à quel point nous sommes sortis des lois naturelles et nécessaires à la conservation des sociétés.

1. Relire le chap. VI, liv. III, du *Discours sur l'histoire universelle.*

« Pour entendre parfaitement les causes de l'élévation de Rome, considérons attentivement les mœurs des Romains. De tous les peuples du monde, le plus fier et le plus hardi, mais tout ensemble le plus réglé dans ses conseils, le plus constant dans ses maximes, le plus avisé, le plus laborieux et enfin le plus patient, a été le peuple romain...

« L'épargne régnait dans les maisons particulières. Celui qui augmentait ses revenus et rendait ses terres plus fertiles par son travail, qui était le meilleur économe et prenait le plus sur lui-même, s'estimait le plus libre, le plus puissant et le plus heureux... »

Les ruines qui se succèdent en France, depuis un siècle, sont faites pour nous instruire. « Pourquoi serions-nous moins hardis que ces ruines ? écrivait il y a quatre ans un homme de science et de cœur. Pourquoi nous aussi ne parlerions-nous pas ouvertement, et ne dirions-nous pas tout haut ce que nous pensons tout bas; bien mieux, ce que nous dirions dans toute conversation où se rencontrent deux Français, possédant le sentiment de l'histoire nationale et quelque peu soucieux des destinées futures de leur pays? Il semble que ce qui coûte le plus au cœur de l'homme contemporain, c'est de se rendre à la vérité. De toutes nos infortunes, celle-là est peut-être la plus grande [1]. »

Ce n'est pas ici le lieu de dire à quelles conditions morales d'existence sont réduites les populations agglomérées dans nos centres manufacturiers ou dans nos grandes villes. Non-seulement elles n'ont plus de foyer; mais elles ne croient plus à aucun principe supérieur, sinon au droit brutal à la jouissance; et dès lors que deviendra le pays... ?

Nous nous occupons d'un très-petit point de la carte de France, de la vallée de Sault; nous la prenons comme type d'un ordre excellent; nous y

1. Emile Montégut. *Simples notes sur la situation actuelle.* — *Revue des Deux-Mondes*, 15 avril 1871.

sommes entré et nous allons l'explorer, pour arriver au plus beau des monuments dont elle ait le droit d'être fière. Or, là même que voyons-nous?

Malgré son isolement, elle commence à se ressentir de la souffrance générale du pays. Malgré son enceinte de montagnes, elle a peine à empêcher le mal de pénétrer chez elle; et ce mal s'attaque de suite, là comme partout, à la famille, au respect des parents, à la conservation du foyer; il prend d'année en année des proportions inquiétantes, et déjà on peut prévoir le jour où il n'y aura plus un coin de terre qui échappera à ses atteintes. Et comment n'en serait-il pas ainsi? Le nouveau régime est absolument contraire aux mœurs que nous venons de décrire. Nos lois des successions et l'action des gens de loi, les faux dogmes dont nous avons fait autant d'axiomes, les préjugés, les passions d'envie, la maxime établie même chez de bons esprits que la destruction de l'ancienne tradition est fatale et irrémédiable, enfin l'inattention générale en ces matières qui sont traitées et écartées comme importunes, à cause de leur gravité même [1], tout concourra à sacrifier tôt

1. Les événements de 1870 ont empêché d'aboutir un projet de loi, provoqué par l'Enquête agricole, et consistant à modifier les articles 826, 832 et 1079 du Code civil. Dès la

ou tard les vieilles et respectables races populaires, dans lesquelles étaient les immuables fondements de la moralité et du bon ordre de notre pays. Elles n'existent déjà plus dans bien des régions de la France. Là où elles résistent au torrent avec une union qui fait leur force, elles se trouvent aux prises avec des difficultés légales qui finissent par avoir raison de leur obscur héroïsme. Donc, s'il n'y a un grand effort pour conjurer les extrêmes conséquences du mal, elles sont condamnées à être submergées ; et le vide qu'elles laisseront après elles sera rempli par la famille instable, dont l'idéal est de jouir, dont le trait tristement caractéristique est l'abandon des vieux parents. Déjà, nous en sommes témoins chaque jour, la maison paternelle ne peut plus se conserver au-delà d'une génération, jusque dans les campagnes, là où il y a beaucoup d'enfants. Il est vrai que les familles instables ont peu d'enfants, et les dénombrements quinquennaux portent à cet égard des révélations affligeantes.

réunion de l'Assemblée nationale, trois de ses membres, MM. Lucien Brun, Baragnon et Mortimer-Ternaux, ont pris l'initiative d'une proposition semblable, heureusement complétée sur quelques points, et cette proposition a été prise en considération le 17 juin 1871 ; mais tel est l'empire des préoccupations politiques qu'elle est demeurée comme non avenue.

Mais alors que faut-il penser de notre théorie du progrès ?

Voilà ce que les observateurs les plus consciencieux et les plus exacts s'accordent unanimement à constater [1]. Nous disions que le jour est venu pour les bons citoyens de s'arracher aux vains objets de leurs discordes intestines, pour étudier le milieu où ils vivent. Nous n'avons nous-même entrepris cette étude, sur une vallée très-ignorée de la Provence, que pour marquer l'importance de semblables observations, dont le profit est d'autant plus grand qu'elles prennent comme point de départ l'état des races rurales, attachées au sol et vivant exclusivement de ses produits. Le temps des illusions est passé ; il est urgent de se mettre en présence de la pleine réalité des faits, et rien n'est plus nécessaire que de s'éclairer sur elle, parce qu'elle nous conduira à opposer aux ravages du mal les modèles et les principes du bien.

1. Voir les monographies de familles publiées par M. Le Play dans son livre intitulé : *Les Ouvriers européens*. Études sur les travaux, la vie domestique et la condition morale des populations de l'Europe.

Ce travail d'études a été continué dans la collection des *Ouvriers des Deux-Mondes*, publiée par la Société d'économie sociale ; 4 vol. in-8, Paris, au siège de la Société, place du Louvre, 1.

CHAPITRE II

LES ANCIENNES LIBERTÉS LOCALES DE LA VALLÉE DE SAULT.

L'histoire de la vallée n'offre pas moins d'intérêt que sa situation pittoresque. Sans vouloir faire ici de l'érudition, essayons d'en noter quelques traits, ceux qui caractérisent ses origines ; interrogeons le passé, et assistons aux conquêtes du travail, par lesquelles se sont créées et ont prospéré des familles vraiment exemplaires.

Les archives de Sault ont été brûlées révolutionnairement en 1792, et cet acte de vandalisme a été matériellement irréparable ; mais rien n'est moralement perdu, tant que subsistent des foyers domestiques, archives en quelque sorte vivantes, dépôts publics qui ne périssent pas. Les Anglais disent de leur Constitution qu'on en retrouve l'âme,

« non pas comme à la Tour de Londres et à la chapelle du cloitre de Westminster, dans des parchemins effacés, sous des lambris humides et vermoulus, mais dans la robuste vigueur, dans l'énergie vitale et la féconde puissance des grands citoyens qui fixent tous les regards et dominent toutes les têtes[1]. » Un illustre homme d'État, M. Disraéli, adressait, il y a peu d'années[2], à ses concitoyens une de ces professions de foi où le patriotisme britannique aime à célébrer la vieille Angleterre. « Qui de vous peut voir dans notre Comté, ici le chemin ombragé que suivait Hampden, en tenant à la main la pétition des droits, là le monument dédié à l'éloquence de Chatam, plus loin le chêne sous lequel Burke méditait ses immortels discours, sans se sentir fier d'appartenir au sol natal illustré par de tels hommes? Quand on trouve à côté de soi, en exerçant ses devoirs de citoyen, les traces de ses pères fidèles à leurs devoirs, comment n'être pas encouragé soi-même à faire son devoir[3]? »

1. Lettre de Burke, écrite en 1772 au duc de Richmond.
2. Le 20 mars 1857, au sujet de la réforme électorale.
3. De tels accents contrastent avec les procédés employés par beaucoup d'hommes politiques de notre pays pour obtenir, près de leurs électeurs, la plus nuisible des popularités.

Les plus petits peuples, de modestes localités peuvent n'être pas étrangers à ces sentiments, et garder avec le même patriotisme de semblables souvenirs, en ce qui touche les sphères très-humbles où s'exerce leur activité.

Au XVIIIe siècle, un écrivain anglais, Addisson, visitant l'Italie, voulut aller contempler à Saint-Marin un curieux spectacle. Un peuple de cinq mille âmes, une petite république indépendante se trouvaient là, vivant dans un ordre parfait, jouissant d'une liberté sans égale; et cela durait depuis treize siècles!

Pendant que les républiques commerçantes et riches du littoral disparaissaient au milieu de dissensions intestines, celle de Saint Marin gardait la paix, et ses habitants, remarquait Addisson, s'estimaient plus heureux, au milieu de leurs rochers, que les autres peuples de l'Italie, au milieu des plus belles vallées du monde. Ils le devaient, et c'était leur témoignage unanime, à la fidélité avec laquelle ils conservaient les vieilles mœurs, à une probité irréprochable, à un rigoureux esprit de justice; les familles étaient bien réglées et ordonnées, elles avaient organisé avec les garanties les plus sages leurs magistratures. L'instruction primaire était dès lors si avancée à Saint-Marin qu'il n'y avait pas une personne dépourvue d'une certaine teinte de savoir [1].

A la veille de la révolution, un illustre Américain, un des fondateurs de l'indépendance des États-Unis, John Adams, ne dédaignait pas de proposer à ses concitoyens le peuple basque comme un modèle [2]; et il lui demandait des arguments de fait, pour combattre les utopies du *Contrat social*, en montrant l'exemple peut-être unique d'une autonomie, qui n'avait pas changé dans le cours de vingt siècles.

1. La république de Saint-Marin a eu de nos jours plusieurs historiens, parmi lesquels nous nommerons M. Auger Saint-Hippolyte. Cet auteur a été conduit, par l'observation des faits, à la même conclusion qu'Addisson, quand il dit à son sujet : « *La liberté n'est en réalité qu'une combinaison naturelle des rapports sociaux.* » — *Essai historique sur la République de San-Marino*, Paris, Delaforest, 1827.

Naguère encore, M. Erdan, dans le journal *le Temps*, rendait hommage aux vertus de ce peuple, qui vient de refuser les offres les plus séduisantes du gouvernement italien, et avec elles la création d'une maison de jeu sur son territoire.

Il refusa plus au commencement de ce siècle; et l'on cite le mot spirituel d'un des grands citoyens de Saint-Marin, Onofrio, répondant à Bonaparte qui lui proposait un agrandissement pour sa République : « *In piccolezza libertà.* »

2. *Défense des Constitutions américaines*, par John Adams, ci-devant ministre plénipotentiaire des Etats-Unis à Londres, ouvrage publié dans cette dernière ville de 1785 à 1787, et à Paris en 1792.

John Adams y décrit successivement les institutions de Saint-Marin, de la Biscaye, des Cantons suisses, etc.

De nos jours, rien de plus instructif et de plus saisissant que le tableau des institutions de la Biscaye, tracé par des publicistes contemporains qui les ont décrites, en s'aidant des documents historiques et de l'observation directe des mœurs actuelles [1]. On ne saurait imaginer une preuve plus positive de la puissance de l'esprit du bien, un résumé plus complet de tout ce que l'expérience des générations a trouvé de meilleur, pour organiser et assurer l'exercice des libertés locales les plus étendues. Il n'est presque pas une commune qui n'ait, avec son école, une société de secours mutuels, une institution de bienfaisance ; point de crimes dans le pays, très-peu de délits ; même dans les villes, les portes des maisons sont souvent ouvertes, et, dans les campagnes, les bestiaux et les fruits sont laissés sans autre gardien que le respect dont les entoure le septième précepte du Décalogue.

Sault et sa vallée se sont constitués exactement dans les mêmes conditions ; et il n'est pas sans intérêt de dire comment ce pays, qui pourrait être encore un désert, s'est peuplé, a progressé et est arrivé à l'état où nous le voyons aujourd'hui.

1. *Organisation de la famille et Constitution sociale de la Biscaye*, par Don Antonio de Trueba, historiographe et archiviste de la province. — *Bulletin de la Société d'économie sociale*, 14 juillet 1867.

C'était primitivement, son nom l'indique [1], un grand massif forestier. Les Romains y avaient pénétré. Lors de l'établissement des fiefs, une puissante famille, se rendant presque l'égale des rois et des empereurs, y fonda un petit Etat, une sorte de souveraineté presque indépendante.

Il est curieux de saisir à son berceau l'autonomie de la vallée, et de constater que ce berceau a été un alleu, une terre libre. Les barons d'Agoult prétendent ne devoir foi et hommage à personne, ils déclarent et jurent qu'aucun étranger n'a le droit de faire la loi chez eux et d'y exercer une oppression quelconque. Plus tard, ils se soumettent aux conditions communes, et ils se réduisent à la condition de vassaux des Comtes de Provence. Ils en seront même les conseillers et les sénéchaux ; mais le vif sentiment de leur autonomie n'y perdra rien. Des chartes nombreuses [2] nous les montrent, se réser-

1. Sault, *saltus*, bois, forêts.

2. Deux volumes de titres sur l'ancien Comté de Sault ont été publiés en 1865 et 1867, et ils renferment sur son histoire de curieux documents.

Il est dit, dans des lettres-patentes de Charles IX (avril 1561) : « La terre de Sault et sa vallée est la première, la plus noble et la plus ancienne seigneurie de notre pays et Comté de Provence, et souloit estre tenue en toute souveraineté, jusques en l'an 1291 qu'Isnard d'Entrevennes la mit en la souveraineté de Charles, roi de Sicile et de Jéru-

vant avec la haute juridiction plusieurs des attributs de la souveraineté, et réalisant, depuis l'an mille jusqu'au commencement du seizième siècle, le type d'un fief militaire, préposé à la garde des confins du Dauphiné et de la Provence, vivant de sa vie propre, se gouvernant et s'administrant lui-même, conservant le privilége de juger ses affaires en dernier ressort, de ne point recevoir d'officiers publics ou de fonctionnaires étrangers, et celui, encore plus enviable, d'être exempt de toute taille, de tout impôt, même dans les cas impérieux.

Il y a plus et mieux ; et il n'est pas indifférent de rappeler que ces solitudes perdues s'ouvriront à toute la culture littéraire du moyen-âge, que les d'Agoult ne dédaigneront pas de figurer eux-mêmes au nombre des troubadours dont ils aiment à s'entourer. On cite les *sirventes* de Guilhem d'Agoult parmi les plus populaires et les plus répandus du treizième siècle. L'amour de la patrie les inspire ; les passions du temps soulevées contre les hommes du nord y éclatent. Lorsque le mariage de Béatrix,

salem, comte de Provence. » On ajoutait que le seigneur de Sault y faisait « sa continuelle résidence. »

Les lettres-patentes de 1561 érigèrent en Comté les vingt-quatre villages appartenant aux d'Agoult ; mais la vallée proprement dite continua à s'administrer séparément, avec des priviléges distincts et plus étendus.

quatrième fille et héritière de Raymond Béranger, fait passer le Comté de Provence sous le pouvoir de Charles d'Anjou, frère du Roi de France, Guilhem s'écrie que son pays a perdu son nom, qu'il s'appellera désormais *Faillenza* (lâcheté), au lieu de *Proenza* (bravoure et Provence) [1].

Il ne reste plus de cette lointaine et brillante époque que les débris d'un immense château du onzième siècle. Le roi René, qui se plaisait à caractériser par des dictons les vieilles familles provençales, disait : *Bonté et hospitalité des d'Agoult* [2]. Cette hospitalité, le manoir de Sault continue à l'exercer, sous une nouvelle forme, dans son état actuel de ruine ; car une portion de la ville moderne est logée dans son enceinte. Le rocher se dresse à pic ; un fossé et des remparts, dont quelques courtines et tourelles se sont conservées, en défendaient les approches ; une grosse tour, qui dominait le pays, correspondait avec celles d'Aurel, de Monnieux, de St-Jean de Durfort, en sorte qu'en temps de guerre les signaux se transmettaient rapidement dans la vallée. L'église paroissiale n'est pas moins remarquable par son antiquité [3]. Elle a

1. Millot. *Histoire littéraire des troubadours*, tome III, p. 92-106.
2. Louis de Laincel. *Voyage dans le Midi*, 1869, p. 130.
3. Jules Courtet. *Dictionnaire géographique, historique, ar-*

mérité d'être classée au nombre des monuments historiques, et presque toutes celles de la contrée présentent, comme elle, des spécimens de l'architecture du moyen-âge.

Sault a donc été le théâtre d'une civilisation très-ancienne, et l'histoire n'y a pas laissé, non plus, des souvenirs détestés. Les localités ont comme les individus leur noblesse. Lorsque rien de violent et de faux ne vient les bouleverser, elles gardent l'empreinte des siècles où s'est créée leur existence; c'est dans l'ordre naturel des choses, et là est un des signes du degré de leur culture morale. Aussi la vallée de Sault a-t-elle donné naissance à des hommes distingués. Elle s'honore d'avoir été le berceau de Joseph-Dominique de Bernardi, membre de l'Académie des inscriptions et belles-lettres, érudit et jurisconsulte connu pour ses travaux sur Cicéron, chef d'une famille qui, depuis un siècle, sert avec éclat la science et le pays. Son ancienne petite capitale, si isolée dans ses montagnes et qui compte à peine trois mille habitants, est aujourd'hui le seul chef-lieu de canton de la Provence et un des rares centres ruraux de la France, où l'on trouve tout un ensemble d'institutions scientifiques, un

chéologique, etc., *des communes du département de Vaucluse*, 1857.

musée d'archéologie, un herbier, des collections de zoologie et de minéralogie locales, enfin une bibliothèque pour laquelle on a construit un bâtiment spécial. Quel contraste avec l'état intellectuel de la plupart de nos communes, où il n'y aura bientôt plus une seule famille en situation de fournir un bon maire ! Il est douloureux de constater que les villages les plus riches sont souvent ceux où, malgré les sacrifices faits pour l'instruction primaire, règne le plus grossier matérialisme. Sault n'a pas seulement réussi à installer un musée, une bibliothèque ; il a pu trouver un érudit assez savant et assez dévoué [1] pour se consacrer, avec autant de succès que de modestie, à leur direction.

Nous venons d'indiquer la vieille organisation militaire de Sault. D'autres faits, d'autres souvenirs méritent d'être signalés ; ils tiennent aux origines de la fortune du pays, et, mieux encore, à ce que nous pouvons nommer sa formation morale et sociale.

Ici, nous voyons entrer en scène les Bénédictins. Ils ont accompli dans cette vallée, et sur des concessions de terres faites par les d'Agoult, l'œuvre vraiment merveilleuse de civilisation religieuse, de

1. M. Henri Chrestian, membre de la Société française d'archéologie.

culture scientifique, agricole, forestière, qui a marqué leurs méthodes d'administration et de gouvernement dans la meilleure partie de l'Europe [1]. A la fois convertisseurs d'âmes et chefs d'ateliers de défrichement, ils y jetèrent les germes de progrès qui devaient grandir après eux, entre les mains de familles solidement établies sur la triple base de la foi chrétienne, de la propriété individuelle et du testament. Ils y furent les créateurs de plusieurs villages, de Saint-Christol, de Saint-Trinit.

La vallée avait commencé par se défricher selon le système des emphytéoses. Le travail de conquête du sol se poursuivit aux dépens des bois; mais les surfaces incultes étaient étendues. La hache et la pioche entamaient à peine les inépuisables

1. « Les Bénédictins ont été spécialement loués par les lettrés de tous les pays pour avoir défriché l'Europe et conservé des copies des œuvres de l'antiquité. Ils ont rempli une bien autre mission que celle de copistes et de bûcherons; ils ont créé l'ordre social en Europe; ils ont établi les méthodes d'administration et de gouvernement, donnant eux-mêmes, dans leurs communautés, l'exemple de l'ordre parfait, fondé sur l'esprit de l'ancienne et de la nouvelle loi. La famille a fleuri sur un sol agricole régi, comme dans la loi mosaïque, par une perpétuité d'exploitation analogue à la perpétuité de la famille. » Coquille, *Le Monde*, 24 juillet 1875. — Voir *les Moines d'Occident*, par M. de Montalembert, t. II, liv. VI, § 5.

réserves forestières. On ne commettait pas encore le vandalisme de s'attaquer aux pentes abruptes, de détruire à plaisir et en pure perte les arbres protecteurs des vallées inférieures. Il n'y avait pas, du reste, de populations plus vigilantes que celles de Sault à empêcher que l'écobuage et le pâturage des chèvres ne dégénérassent pas en abus. On sait et nous avons dit dans des études sur la Provence forestière [1], quelles difficultés rencontre une limitation des droits de jouissance exercés par les communes sur leurs propres bois, et ce que seraient devenus tous ces bois communaux, si l'action tutélaire du Code de 1827 n'était représentée et soutenue par le dévouement incessant de l'administration forestière. Sault nous offre, il y a deux siècles, un des exemples du concours des pouvoirs publics et des chefs de famille, propriétaires et magistrats locaux, pour sauvegarder les intérêts généraux et particuliers attachés à la conservation d'un des principaux éléments de la richesse du pays. Au dix-septième siècle, cette vallée nous permet déjà d'admirer des réglements modèles [2], tout un service

1. Ch. de Ribbe. *La Provence au point de vue des bois, des torrents et des inondations avant et après 1789*; Paris, Guillaumin, 1857.

2. *Titres de l'ancien Comté de Sault*, t. II, p. 418, 419, 490.

fonctionnant avec des brigadiers et des gardes, des milices bourgeoises exécutant des tournées auxquelles chacun est tenu de prendre part, des semis de glands prescrits et effectués sur des terrains stériles.

Les résultats de cette sagesse du passé sont sous nos yeux : il y a des futaies à Sault, lorsqu'ailleurs il y a le désert [1].

Au moment où nous écrivons ces lignes, la commune de Saint-Christol, fidèle aux traditions conservatrices qui se maintiennent dans la vallée, vient de prendre l'initiative de demander la soumission au régime forestier de bois assez importants de chênes et de hêtres, dont elle a été mise en possession, après de longues contestations judiciaires.

Ne dédaignons pas les arbres eux-mêmes qui no s

1. Rien de plus probant que l'histoire forestière de chaque commune. Partout où les localités ont été laissées absolument maîtresses d'user et d'abuser, le déboisement est complet, et on en a des exemples frappants dans la région qui nous occupe. Ainsi la montagne de Bédoin, devenue communale dès l'an 1250, n'offrait plus ni bois, ni cultures, lorsqu'en 1861 une municipalité éclairée a provoqué le reboisement de 4,000 hectares de vides. Il en a été de même pour celle de Flassan.

Par contraire, la commune de Villes, placée à l'entrée de la vallée de Sault, a dû à la sage administration des évêques de Carpentras, seigneurs du pays, secondés par les pouvoirs locaux, la conservation de sa forêt,

instruisent. Les réalités qui nous ramènent à l'intelligence expérimentale du vrai, ont une importance supérieure à celle des théories politiques où s'absorbent aujourd'hui tous les esprits. C'est en cela que s'affirment et se manifestent la vie des localités, leur aptitude à se gouverner; c'est dans cet esprit d'ordre et de prévoyance, dans cette pratique de la véritable solidarité, que se traduit le *nerf des institutions*. C'est ainsi, et pour ces intérêts, que les petits Cantons suisses tiennent leurs *Landesgemeindes*, leurs assemblées générales annuelles où se rendent les moindres paysans propriétaires d'Uri, de Schwytz, de Glaris, pour régler à l'amiable leurs élections, décider les questions concernant l'église, l'école, la police, les chemins, l'assistance des pauvres, et particulièrement l'exploitation des bois, le partage des coupes, le mode de jouissance et l'allotissement de la propriété indivise des *Allmends*, formant le patrimoine collectif des familles héréditairement fixées au sol [1].

Le tableau des libertés locales de Sault et de sa vallée demande à être achevé. Elles avaient grandi lentement et obscurément. Elles s'étaient successivement consolidées, à mesure que les familles

1. Emile de Laveleye. *La Propriété primitive et les Allmends en Suisse.* — *Revue des Deux-Mondes*, 1er juin 1873.

implantées dans le sol, et investies de la considération publique, avaient pu prendre en mains l'administration du pays, en supporter la responsabilité, et former des classes vraiment dirigeantes. Il y eut là le même phénomène que celui qui s'est produit, à des degrés divers, et à des époques plus ou moins anciennes, sur toute la surface de la France. Peu à peu le fief déclina, comme principe de gouvernement, et les populations, ayant à leur tête leurs *Autorités sociales* [1], se substituèrent à lui par l'extension des pouvoirs municipaux. Elles n'auraient jamais pu s'organiser librement et si bien à Sault, sans une énergique constitution des forces vives du pays, sans des familles, sans des

1. Nous soulignons ce mot, comme un des termes vrais à substituer à ceux qui ont le triste privilége de perpétuer les passions d'antagonisme entre les classes.

Les *Autorités sociales* sont les hommes qui, adonnés au travail et étroitement unis à leurs serviteurs et ouvriers par les liens de l'affection et du respect, ont la richesse, le talent et la vertu nécessaires pour conserver la coutume du bien, la faire observer par la puissance de l'exemple et la transmettre à leurs descendants.

M. Le Play a décrit d'une manière supérieure l'action de ces hommes, chez les divers peuples européens, et il les désigne par cette dénomination expressive. Il a plus appris d'eux, dit-il, que des lettrés de profession, habitués à disserter sur des faits qu'ils ignorent, et, en tout pays, il les a entendus résoudre de la même manière les questions de principe, qui donnent lieu, de nos jours, à des discussions sans fin. — *Organisation du travail*, § 5.

foyers stables, sans des coutumes bien assises. La fédération, qui relia les unes aux autres les communes intéressées, y fut l'épanouissement d'un ordre de choses d'autant plus remarquable qu'il ne paraît pas avoir jamais soulevé de discordes intestines.

Donnons la parole sur ce sujet à un érudit de la localité, qui a étudié profondément son histoire :

« La baronnie, ou, pour employer l'expression anciennement consacrée, la Vallée de Sault, classée parmi les *Terres adjacentes* de Provence [1] à raison de ses privilèges, ne doit pas être confondue avec le Comté qui était plus étendu. Elle ne comprenait avec Sault que les communes de Monnieux, Aurel, Saint-Trinit..., ainsi que Ferrassière et La Garde, qui en étaient regardées comme les dépendances. Elle formait une petite souveraineté.

« Sa constitution politique n'était pas la moins intéressante des choses que la centralisation a fait disparaître. Les communes qui composaient cette

1. On appelait *Terres adjacentes* diverses villes et localités qui, par suite de circonstances particulières à chacune d'elles, et tenant à leur ancienne indépendance, jouissaient d'une autonomie distincte et étaient cotisées séparément pour les contributions, tout en faisant partie de la province.

Au premier rang des *Terres adjaçentes* figuraient Marseille et Arles.

vallée étaient unies par une sorte de confédération, pour la défense de leurs priviléges communs, et pour tout ce qui concernait les intérêts généraux du pays, tels que la garde du territoire en temps de guerre, l'organisation des cordons sanitaires en cas de peste, etc.... Ces intérêts étaient discutés par un Conseil général, dit du *Corps de la Vallée*, formé du Conseil de la communauté de Sault, où il se réunissait avec les consuls et délégués des autres communes, et qui se tenait devant un représentant du seigneur. Les consuls de Sault étaient chargés de l'exécution des délibérations. Les dépenses votées par le *Corps de la Vallée*, ou celles qui par leur nature lui incombaient, étaient réparties sur chacune des communes, d'après des proportions fixées par une transaction.

« Les libertés municipales, malgré quelques empiétements locaux de la féodalité, s'exerçaient pleinement dans le pays. Si haut que les documents permettent de remonter, on trouve que les habitants ont toujours pu se choisir des représentants. Jusqu'au XVIe siècle, les nobles ou gentilhommes et le menu peuple avaient élu des syndics de leur ordre ; mais la séparation des castes s'était effacée, et nous ne voyons plus ensuite qu'une assemblée générale de tous les chefs de famille, nommant annuellement les administrateurs et le Conseil ordinaire de la commune.

« Il était d'usage d'appeler les chefs de famille, toutes les fois qu'il était besoin de voter les tailles communales ou une imposition quelconque [1]. »

En définitive, cette vallée présente une preuve de plus à l'appui d'une grande vérité historique, absolument méconnue dans notre pays par une opinion égarée, mais que les vrais érudits s'accordent de plus en plus à reconnaître ; c'est que l'harmonie sociale et les bons rapports entre les classes sont choses anciennes, et que l'antagonisme, avec les caractères qu'il prend de notre temps, est un fait nouveau, eu égard à la longue durée de l'ordre traditionnel.

Comme les populations des Alpes et des Pyrénées, les habitants de Sault avaient réalisé sans bruit un des modèles de ce gouvernement cantonal, forme traditionnelle d'un bon régime rural, qu'on a voulu plus d'une fois organiser depuis la révolution, mais que le renversement et la destruction des autorités conservatrices du bien dans les campagnes ont mis au nombre des chimères.

Sault possédait les éléments essentiels de ce

1. Note sur l'ancien régime de la vallée de Sault, par M. Henri Chrestian.

gouvernement local qui, dans les mêmes conditions physiques et avec des mœurs exactement semblables, a produit les types si excellents de démocratie communale, encore conservés, non-seulement dans les petits Cantons suisses, en Biscaye, etc., mais aussi dans la meilleure partie de l'Europe, grâce aux garanties qui empêchent le droit de suffrage d'y exercer une action dissolvante et oppressive. Le fond de ce régime est très-simple, nous l'avons montré ailleurs fonctionnant en Provence [1], et on le retrouve partout à peu près le même. Tous les chefs de famille propriétaires ou chefs d'un atelier de travail concourent en personne, et sous leur responsabilité, à la gestion des intérêts et des deniers communs. Ils représentent les foyers et le sol; ils ont à sauvegarder par-dessus tout les bonnes mœurs, le respect des autorités paternelles, l'obéissance chez les jeunes gens enclins à la révolte, et la paix intérieure de la localité; ils sont les maîtres dans leur domaine propre. Et, en fait, jusqu'à ce jour, même chez les grandes nations où le gouvernement local se subordonne plus étroitement au pouvoir cen-

1. Voir, dans notre livre sur *les Familles*, le chap. IV du liv. I, intitulé : « La Famille, les Institutions et les Libertés. »

tral, ils ont été reconnus souverains à ce titre [1].

Nous avons renversé l'ordre naturel qui a régi tous les peuples. Nous avons enlevé la démocratie avec ses attributs utiles à la commune, en n'y tenant plus compte de la famille et du sol, et nous l'avons mise dans l'Etat, où elle nous livre à la merci des révolutions et compromet l'avenir de notre nationalité.

Ne prolongeons pas outre mesure cette esquisse sommaire, et disons, en terminant, que ce pays prouve encore de nos jours combien est durable la puissance de la tradition, soutenue par de bonnes mœurs. Chose rare dans le Midi, où les anciennes petites démocraties communales se sont trop généralement désorganisées, en perdant toute direction! Les passions révolutionnaires, malgré la violence qu'elles ont dans les contrées voisines, n'ont pu encore se rendre maîtresses de Sault.

Tels sont les lieux où nous trouvons, en 1812, dans toute la force de l'âge, de l'activité, de l'autorité morale et du talent, l'homme éminent dont le Livre domestique a été pour nous une vraie révélation et qui est l'objet principal de notre publication.

1. Le Play. *La Réforme sociale en France*, t. III, ch. LXII, p. 320.

CHAPITRE III

UNE FAMILLE DE L'ANCIENNE FRANCE

« Je rapprends mon français, disait Topffer, et je le retrempe chez les gens simples et restés fidèles aux vieilles mœurs, comme il en est encore dans la Suisse romande, en Valais, en Savoie, au-dessus de Romont, à Liddes, à Saint-Branchier, au bourg Saint-Pierre. C'est là qu'en accostant le paysan, en s'asseyant le soir au foyer des chaumières, on a encore le charme d'entendre le français de souche, le français vieilli, mais nerveux, souple, libre et parlé avec une attique et franche netteté par des hommes aussi simples de mœurs que sains de cœur et sensés d'esprit [1]. »

1. Topffer. *Nouveaux voyages en zig-zag*, 1853, Victor Lecou.

C'est à un plaisir du même genre, mais d'un ordre incomparablement plus élevé, que nous convions nos lecteurs.

Nous les invitons à venir s'asseoir à Sault dans un foyer hospitalier et chez une famille modèle, à venir entendre avec nous, dans cette région du chêne qui est aussi celle des âmes saines, un français qui, pour n'être plus celui d'Olivier de Serres, ne sera pas moins franc de touche et de bonne souche. Nous leur présentons comme autorité à consulter et surtout comme ami à cultiver, non un lettré exercé dans l'art de bien dire, mais un père de famille tout occupé du souci de bien faire, et instruisant ses enfants dans la première des sciences, celle de bien vivre, leur enseignant que, dans la conduite de la vie humaine, « *l'expérience est toujours plus sûre et plus efficace que le raisonnement.* »

L'époque où se place l'existence de ce père de famille n'est pas de l'histoire ancienne : elle est presque d'hier; c'était après la révolution, il y a soixante et quelques années. Toutes les traditions et tous les souvenirs de la France historique venaient de disparaître. Quelques points seuls restaient à la surface du sol qui n'avaient pas perdu leur physionomie d'autrefois. Perdus dans des massifs montagneux, ils avaient donné un asile à la vieille sagesse. La vallée de Sault était du nombre.

Le gouvernement et les lois étaient changés à Sault; les familles ne l'étaient pas. Elles avaient échappé aux dissolutions morales du dix-huitième siècle et aux plus tristes des abus de l'ancien régime en décadence; elles avaient souffert de la révolution; mais elles n'y avaient pas péri. Elles gardaient toujours un peu de la solidité des vieilles futaies, ornement et fortune du pays. C'est alors que, dans ce petit monde à part, sur ces hauts plateaux encore habités par Dieu [1], un homme se trouva qui, mêlant la méditation à l'action, fut conduit par un sentiment profond du devoir à mettre par écrit, sous forme de mémorial domestique ou de *memento* pour ses enfants, les grands principes, les vérités nécessaires, toute la coutume conserva-

1. « Séparé du reste du monde par d'impénétrables rochers, ne connaissant qu'un spectacle, celui de la nature, qu'un seul seigneur et maître, Dieu, le peuple Andorran est heureux, et, loin de porter envie aux autres nations, il croit qu'il n'en est point au monde dont le bonheur puisse être comparé à celui dont il jouit. » Victorin Vidal, *L'Andorre*, Paris, 1866, p. 45.

Nous avons cité plusieurs petits peuples modèles. L'Andorre s'est constitué comme eux et offre les mêmes caractères.

trice du foyer de ses pères, et à les leur transmettre comme un élixir de vie.

Le lieu où vont se concentrer notre récit et notre intérêt, n'occupe qu'un point de cette vallée, au commencement de laquelle il est situé du côté d'Apt : c'est un quartier rural, nommé Saint-Jean de Durfort. Là, dans une habitation incorporée à tout un ensemble de constructions agricoles, et sur un pli de terrain qui domine de vertes prairies entourées de grands arbres, est le foyer à l'intimité duquel nos lecteurs vont être admis. Là vivait, en 1812, Antoine de Courtois, fils, petit-fils, arrière-petit-fils de bons citoyens de Sault, descendant d'une longue lignée de juges, propriétaires fonciers.

Né en 1762, il est âgé de cinquante ans au moment où il prend la plume et où il trace la première page de son Livre de raison.

Marié en 1798, il est père de trois enfants en bas âge, un second fils vient de lui être donné, et sa naissance est un événement pour son foyer. Il est à une de ces heures bénies où le cœur se dilate, où un homme, pénétré comme il l'est de la tradition, est porté à y conformer ses actes. Il a déjà fait son testament pendant la révolution, quand il est devenu plein propriétaire du domaine des ancêtres ; il croit devoir le refaire pour prévenir tout accident fâcheux, afin que le sort de ses enfants soit dès lors réglé. Maire de Sault depuis douze ans, il porte plus que personne le poids des responsabilités publiques, et il éprouve le besoin de les oublier auprès des siens.

Son Livre de raison devient de la sorte son confident, un moyen de se rendre meilleur lui aussi, en même temps qu'il sera pour ses enfants une direction, une force, le jour où il leur manquera. Et, quand il l'a terminé, il écrit à leur intention une lettre, et la scelle dans un pli qu'ils décachèteront après sa mort. Il s'adresse spécialement à son fils aîné (le second lui avait été enlevé dans l'intervalle), et il lui dit :

« *Mon fils, je te conjure de lire et de relire très-souvent les avis que je te laisse dans ce Livre de raison de la famille. C'est là que tu me trouveras toujours ; c'est là que je vis encore pour toi, et tu n'auras pas perdu ton père, tant que tu conserveras mes avis.*

« *Adieu, mon bon ami, sois toujours comblé de toutes les grâces du ciel. C'est ce que je demanderai sans cesse dans le séjour éternel, où j'espère que la bonté de Dieu m'aura fait en-*

trer, au moment où tu liras ces derniers témoignages de ma tendresse. »

Celui qui traçait ces lignes traduisait là les derniers vœux de tous les bons pères ; mais quelle sagesse dans le seul fait de les écrire ! Quelle notion du devoir et quelle vue claire du but, chez ceux qui léguaient à leurs enfants de tels testaments ! Lorsque celui-ci nous fut communiqué, notre travail sur les familles et les Livres de raison de l'ancienne France était déjà publié. Nous le lûmes avec une curiosité d'autant plus vive qu'il nous venait presque d'un contemporain, d'un homme dont l'éducation s'était faite dans un temps où Rousseau était célébré comme un oracle de sagesse, et son *Emile* comme un modèle de raison pratique, qui avait vu de près dans sa jeunesse une société spirituelle, brillante, enivrée d'elle-même, pleine d'une confiance illimitée dans les nouvelles formules et ne doutant de rien, hormis des premiers principes. Nous avions exploré plus d'une centaine de ces précieux documents domestiques ; mais, pour la plupart, ils étaient beaucoup plus anciens ; ils nous rappelaient un monde avec lequel le nôtre semblait ne plus avoir aucun rapport. Antoine de Courtois se montrait au contraire à nous comme un moderne. Il avait recherché et cultivé les sciences exactes; il était d'une génération pour laquelle les sciences physiques s'annonçaient comme devant résoudre tous les problèmes de l'origine et de la destinée de l'homme sur la terre, dissiper tous les mystères nés de l'ignorance des sociétés anciennes. Ce qu'il allait nous dire, il l'avait pensé dans la fournaise dévorante d'un esprit critique qui s'offrait comme l'avénement du progrès. Or, quel ne fut pas notre intérêt, en retrouvant au contraire à chaque page, presque à chaque ligne, tout ce que nous avions admiré dans les vieux textes du passé! Nous avions sous les yeux, non plus un journal de famille ordinaire, mais le type complet et parfait des Livres de raison.

Nous soulignâmes les passages, nous voulions placer au bas de chacun d'eux des renvois à ces vieux textes, qui nous avaient si souvent frappé par leur concordance. Nous avons dû y renoncer, pour ne pas charger notre manuscrit d'annotations fastidieuses. Ceux de nos lecteurs qui ont sous les yeux notre livre sur *les Familles*, pourront établir eux-mêmes les rapprochements.

L'ancienne société n'était pas morte à Sault, malgré la révolution. Elle a continué à vivre de même jusqu'à ces derniers temps, dans beaucoup de contrées de la France. Elle avait encore, dans les classes dirigeantes de notre pays, des représentants qui, sans en avoir conscience, gardaient l'empreinte de ses coutumes et de ses pratiques. Ces demeurants d'un autre âge ont successivement disparu. Les races qui avaient la tradition du gouvernement local s'en vont et ne sont plus remplacées.

Il y a là pour nous un motif de plus pour montrer comment ont subsisté celles qui se sont maintenues si pures, si intactes, si profondément vertueuses, au milieu de la lamentable désorganisation du XVIIIe siècle. M. le comte Portalis a mis en tête de la biographie de son père un tableau qui en résume les traits essentiels :

« Il existait dans les bourgs et même dans les villages de la Provence des familles indépendantes, dédaignant les spéculations du commerce et de l'industrie. Le modique produit d'un champ héréditaire, ou les honoraires bornés que procurait à leurs chefs un modeste emploi de judicature, ou l'exercice de quelque profession libérale, suffisaient à leurs besoins. Elles jouissaient d'une considération fort supérieure à la médiocrité de leur fortune, et se maintenaient durant une longue suite de générations dans la paisible possession d'une condition honorable. Portalis appartenait à une de ces familles... [1]. »

Familles dont la Provence était justement et particulièrement fière, et dont la sage Angleterre continue à faire les colonnes maîtresses de ses libertés locales, dans l'administration *gratuite* de ses paroisses, de ses bourgs et de ses comtés! Les Courtois de Sault en sont un des exemples dignes d'être cités. Pendant deux siècles, ils remplissent sans interruption, dans la vallée, le même emploi modeste de judicature. Six générations s'y succèdent, en y rendant la justice. Conçoit-on de telles fonctions, incorporées de la sorte à une famille, et cela à la satisfaction de tous, malgré les passions, les rivalités, les coteries de petits pays, et sans que rien vienne troubler l'harmonie des bons rapports? Il n'y a pas seulement des juges, il y a des consuls, il y a des prêtres. La souche fournit à l'État et à l'Église des rejetons, des recrues qui se renouvellent sans l'épuiser.

En 1752, Joseph-Ignace de Courtois est le cinquième juge de sa lignée. Il s'est marié à Elisabeth

1. Notice biographique placée en tête du livre de Portalis sur *l'Usage et l'abus de l'esprit philosophique au XVIIIe siècle.*

de Girard, et il en a eu trois fils, Philippe, Antoine et Auguste.

Le père les élève, avec l'idée toujours mise devant leurs yeux qu'ils ne sont pas venus au monde pour ne rien faire, qu'il seront tenus de travailler. « *J'aimerais mieux*, disait-il souvent, *que mes enfants fussent cordonniers que d'être sans état*; » maxime qu'Antoine répètera à son tour aux siens.

A Philippe, la mission de continuer la tradition de ses devanciers dans la charge de judicature, et c'est ce qui advint en 1783, par la retraite de son père. Antoine prend la carrière médicale, Auguste celle des armes.

Les archives de la Faculté de médecine de Montpellier, gardent la date de l'immatriculation du jeune étudiant le 5 décembre 1785, et celles de ses thèses de baccalauréat, de licence et de doctorat soutenues en 1789. Antoine avait cru d'abord obéir à une vocation irrésistible; il devait regretter plus tard de ne s'être pas assez consulté, avant de se faire médecin, et prendre texte de son erreur pour engager ses enfants et descendants à ne pas suivre seulement leurs premiers goûts dans le choix d'un état. Il perdit, raconte-t-on dans la famille, son premier malade; il en eut un scrupule de conscience, et finit par abandonner l'exercice d'un art où il doutait trop de lui-même.

Il retira du moins de ses études médicales l'habitude d'observer les faits, d'après une méthode scientifique, et de l'enseignement puisé à l'école de Barthez un aliment nouveau pour sa philosophie à la fois chrétienne et expérimentale. « *La santé de l'âme est la vie du corps*, » ont dit les Livres saints, et cette grande vérité est démontrée par l'observation des rapports de l'âme et de l'organisme. Bossuet avait étudié pendant un an la physiologie et l'anatomie, sous la direction de Duverney, avant d'écrire à l'usage du Dauphin son *Traité de la connaissance de Dieu et de soi-même*. Antoine de Courtois adressera aussi d'admirables conseils à ses enfants, avec l'autorité que lui donne sa double qualité de père et de médecin, pour les prémunir contre les théories alors toutes-puissantes du matérialisme. On lira avec émotion les pages sublimes où il dit à son fils « *de garder ses mœurs, afin qu'un sang pur coule dans les veines de ses enfants*, » et où il montre dans la santé de ceux-ci le prix de la sagesse des parents. On ne sera pas moins touché, quand on l'entendra parler à son fils et à ses filles des qualités qui doivent dicter leur choix et faire leur bonheur dans le mariage : « *Heureux, trois fois heureux serez-vous, si vous trouvez tous ces qualités réunies chez une personne qui en aura hérité de ses pères! On n'est sûr que des qualités qui tiennent au sang : celles-là seules ne se démentent jamais. C'est pourquoi il faut vous attacher à une bonne race.* »

Pendant qu'Antoine étudie à Montpellier, Auguste fait son chemin à l'armée. D'abord simple engagé volontaire, il devient bientôt lieutenant au régiment de Bretagne.

Si le premier s'offre à nous, dans son Livre de raison, comme le modèle des pères, celui-ci nous permet d'admirer dans sa correspondance le modèle des bons frères. Il y a plus que de l'union entre les frères Courtois, nous trouvons la tendresse, une sorte de pénétration mutuelle. Ils ne peuvent se résigner à vivre séparés, ils ne cessent de se plaindre du sort qui les condamne à ne plus se voir.

L'aîné, Philippe, est toujours à Sault. Destiné à continuer sa race au lieu où elle a vécu depuis deux siècles, il s'est marié dans la maison paternelle avec une femme dont Antoine nous dit « qu'elle se dévoua toujours à la famille. » Depuis la retraite de son père en 1783, il est juge du pays, comme l'avaient été ses devanciers; mais la révolution éclate, et sa charge de judicature disparaît en 1790 avec le Comté. Les suffrages populaires viennent alors le chercher. Pendant que la révolution expulse de tout côté les familles les plus respectables et met leurs membres sur la liste des suspects, les vieilles mœurs sont plus fortes, dans ce pays privilégié, que les passions du dehors. N'est-ce pas un spectacle bien fait pour nous donner la mesure de la puissance de l'esprit du bien, que celui de la mairie de Sault confiée et presque imposée à Philippe, en pleine Terreur, dans les premiers jours de décembre 1792?

A ce moment-là même, Philippe de Courtois devenait chef de famille, par la mort de son père arrivée le 3 juin 1792. Établi au foyer des ancêtres, il allait avoir à régler avec ses frères une situation que les événements avaient bien changée. Croirait-on qu'on est dans toute la violence du torrent révolutionnaire, en lisant les témoignages de confiance, d'affection et de respect dont ceux-ci l'entourent ?

Mais la mort vient bientôt le frapper sur ces entrefaites, elle l'enlève subitement le 17 avril 1793. Antoine a reçu son dernier soupir. Quant à Auguste, qui est loin, à Wissembourg en Alsace, il n'a pas eu cette suprême consolation. Alors commence entre lui et Antoine une série de lettres, d'un caractère si touchant que nous croyons devoir en reproduire quelques extraits.

« Mon bon Antoine, frère bien-aimé, écrit Auguste le 7 mai, je viens chercher près de toi les consolations que tu peux seul me donner. Tes chagrins sont les miens : pleurons ensemble.

« Sans craindre d'augmenter nos regrets, rappelons-nous le temps heureux où, réunis tous trois, nous nous aimions avec tant de charme. Vacances heureuses, dont notre amitié et celle de nos parents faisaient les délices ! Combien de fois nous sommes-nous dit ! « *Nous voulons servir de modèles aux frères les plus jaloux de s'aimer.* »

« Je m'en souviens, comme si c'était d'hier ; notre frère me disait, en allant à Saint-Jean [1], ces paroles que je me suis répétées mille fois : « *Notre amour mutuel fera le bonheur de notre vie.* » Mon état paraissait décidé ; il ne semblait en peine que du tien, et, je l'avouerai, j'étais jaloux de voir que ses sollicitudes pour toi étaient plus grandes que les miennes.

« Oh ! comment combler une telle perte ? Donne-

1. Domaine patrimonial de la famille.

moi tes moyens; les miens sont de rappeler souvent cette mémoire chérie. Parlons souvent de Philippe, pensons-y plus souvent encore, jusqu'à ce que le même bonheur nous réunisse tous à Dieu dans l'éternel séjour... »

Philippe est mort sans enfants et sans avoir fait de testament. Aîné de la maison, il n'a pu pourvoir à la sauvegarde de grands intérêts de famille, au moment où toutes les anciennes coutumes conservatrices établies à cet égard viennent d'être détruites. Il n'a pas eu le temps, selon la tradition universellement observée, de laisser à sa femme, avec des droits d'usufruit, un témoignage de sa tendresse. Auguste va au-devant de ces difficultés, et il les tranche de suite avec son cœur :

« Je m'en rapporte entièrement à toi, et j'approuve toutes les mesures que tu prendras relativement à la succession de Philippe. Qu'on ne dise pas que cette formalité n'est point légale : elle est conforme à mes principes...

« Embrasse mille fois pour moi notre chère sœur ; je sens ses malheurs et les nôtres. Si elle a perdu un époux, il lui reste deux frères qui l'aimeront toute leur vie et de tout leur cœur.

« Je ne connais pas les lois, je ne sais ce qu'elles prononcent en sa faveur, si rien n'a été prévu par le contrat de mariage... ; mais je pense qu'il est de notre justice et de notre honneur de lui offrir et de la prier d'accepter un gage de l'affection de sa famille adoptive. Certainement Philippe eût acquitté cette dette sacrée, s'il eût pu nous transmettre ses dernières volontés.

« Je ne doute pas que cette pensée ne te soit venue, et je m'en rapporte entièrement à toi.

« Va, nous serons toujours assez riches. Du pain et mon Antoine, voilà ma fortune. Pour ne pas léser tes enfants, les avantages pourraient n'avoir lieu que pendant la vie de notre chère amie. »

Ce n'est pas tout : Auguste se dit encore que sa vie de soldat l'expose à mille dangers, qu'il a lui-même et particulièrement un devoir à remplir, qu'Antoine a pris la place du chef de la maison, qu'il va faire souche à son tour, et qu'il importe de lui donner sans retard les moyens de conserver la famille et les biens de famille. Il fera donc son testament.

Il prend l'initiative de lui en écrire :

« Je t'envoie une copie exacte et littérale de mon

testament mystique et solennel que j'ai déposé ce matin chez M. François Hemberger, notaire public à Wissembourg. Tu reconnaîtras, je l'espère, dans mes dispositions, les sentiments qui m'animent. Ils sont ceux d'un frère qui met en toi la plus vive confiance, la tendresse la plus pure. Comme par les legs dont je l'ai surchargé, je diminue le bien que je voudrais laisser à tes enfants, j'exige que tu le communiques à mon oncle et à nos tantes, afin que celles-ci suivent en te mariant l'impulsion de leur bon cœur et qu'elles t'assurent les avantages que tu mérites à tant d'égards. »

Quelle douleur chez un si bon frère d'être séparé des siens par de telles distances, dans un pareil moment! Et aussi quels principes de devoir et de patriotisme ne lui faut-il pas, pour résister aux instances qui lui sont faites! Car on le presse de donner sa démission, on le prie de ne pas laisser sa famille dans des transes continuelles, on le supplie de revenir à Sault.

« Je t'aime comme le frère le plus cher, écrit-il à Antoine; mais ce n'est pas assez. Il faut que tu deviennes mon généreux bienfaiteur; plus il t'en coûtera pour m'accorder ce que j'exige de toi, plus tu auras de mérite à te rendre à mes demandes.

« Depuis longtemps, au lieu de m'aider à surmonter des désirs dont la réalisation est impossible, tu ne fais que les rendre plus ardents. Les témoignages de ton affection et de celle de nos parents, qui devraient m'aider à supporter l'absence et me consoler, ajoutent à toutes mes peines. Maintenant, mon bon ami, que mes efforts t'ont convaincu de l'impossibilité de ma retraite dans ce moment, écris-moi, pour ton compte et au nom de tous nos parents, que vous êtes satisfaits de mon absolu dévouement à vos volontés, et que vous m'engagez de la manière la plus formelle à supporter avec courage les nouvelles épreuves qu'un sort rigoureux me réserve...

« Panse les plaies de mon cœur. Ah! si tu savais le bien que tu peux me faire, en me prêchant toi-même la résignation !

« Je te renouvelle la promesse de t'écrire régulièrement deux fois par semaine, et j'exige de toi que tu contractes et acquittes envers moi le même engagement. »

Il n'est pas une de ces lettres où les divers parents n'aient chacun leur souvenir et leur article à part. « Embrasse pour moi notre bon oncle le curé, nos délicieuses tantes : » cela est répété avec un accent qui montre combien on s'aime dans cette famille. « Le plus pressant de mes désirs, dit-il encore, est de me précipiter dans leurs bras. » — « Je joins mes plus vives exhortations aux impulsions de ton âme, répéte-t-il à son frère, pour te faire une loi sacrée d'aller au-devant de leurs volontés. »

Le 24 août 1793, il annonce qu'une action décisive est imminente ; les alliés sont à trois lieues, ils semblent vouloir tourner l'armée française pour l'obliger à une retraite sur Strasbourg.

« Attendez-moi, dit-il, dès que votre liberté et votre sécurité seront assurées. »

Il cédait enfin aux obsessions des siens, et son frère en était heureux. Joie de courte durée ! Trois jours après, Auguste était tué dans un combat. A cette nouvelle, Antoine se sentit défaillir. « *Hélas!* répétait-il plus tard à ses enfants, *nous avons perdu Auguste. S'il eût vécu, il eût été l'honneur de la famille, et il en eût fait les délices.* » Il nous a semblé que de tels témoignages d'affection fraternelle, s'ajoutant au Livre de raison d'Antoine, méritaient d'être conservés.

Cette date funèbre du 24 août, qui précéda de trois jours celle de la mort de son dernier frère, devait être marquée, non-seulement pour Antoine de Courtois, mais pour la Provence et pour tout le Midi, par d'autres émotions cruelles; car ce fut celle de la prise d'assaut de Marseille par l'armée de la Convention. Ici se placent des faits étrangers à l'objet de nos études; mais ils ne sauraient être passés sous silence. Ils ont l'intérêt du drame, et ils feront connaître le grand caractère et le grand cœur de celui dont nous traçons la biographie.

Au moment où Auguste de Courtois écrivait à sa famille de l'attendre, dès que la liberté et la sécurité des siens seraient assurées, les départements du Midi, depuis Lyon jusqu'à Marseille, étaient en pleine insurrection. La résistance à la Terreur était inscrite sur le drapeau des populations soulevées; la chute des Girondins venait d'activer le mouvement, au lieu de le ralentir, et la résolution avait été prise de nommer de suite des députés qui partiraient pour Bourges, où se décideraient les moyens de sauver le pays.

Antoine de Courtois représenta Sault à Digne, chef-lieu du département des Basses-Alpes (dont son canton dépendait alors), dans une assemblée primaire tenue le 1er juillet 1793. Il avait rempli son mandat et retournait dans sa vallée, lorsque, passant à Manosque, il y rencontra deux commissaires délégués par la Convention à l'armée d'Italie, Robespierre le jeune et Ricord, aux prises avec un bataillon de sectionnaires marseillais marchant sur Lyon. Leur vie était en danger : il n'écouta que son cœur, et les arracha à la mort, en les conduisant à Sault, où ils trouvèrent momentanément un asile.

Les fédérés furent défaits à Avignon le 27 juillet, Marseille tomba au pouvoir de Cartaux le 24 août; la résistance à la Terreur était vaincue, et celle-ci n'avait plus qu'à écraser ses victimes. Dénoncé par Marquoi, président du comité révolutionnaire d'Apt, Antoine de Courtois fut arrêté le 2 octobre et incarcéré à la Glacière, à Avignon. Il était à deux doigts de la mort. Sa belle-sœur, la veuve de son frère aîné Philippe, montra alors tout ce que peut le dévouement; elle partit pour Nice; n'espérant plus qu'en celui dont Antoine venait d'être le sauveur, elle se jeta à ses pieds et en obtint une délivrance immédiate. Robespierre fit en effet rendre à Avignon, le 19 octobre, par Rovère et Poultier, commissaires de la Convention, un arrêté d'élargissement du prisonnier.

Retiré dès lors à Nice, avec le titre de médecin

des armées d'Italie, Antoine de Courtois attendait là dans une retraite douloureuse une autre délivrance, celle de son pays. Arrive le 9 thermidor, quelques jours s'écoulent. Une nuit, un homme vient frapper craintivement à sa porte. Cet homme était Marquoi, naguère son dénonciateur, et aujourd'hui tremblant pour sa vie, en fuite, sans asile. Antoine de Courtois en a pitié, lui donne de quoi se nourrir et se vêtir, partage sa bourse avec lui, et le congédie en lui disant : « *Partez, car le soleil ne peut nous éclairer tous deux sous le même toit.* »

Nous prions nos lecteurs de rapprocher de ce récit de belles pages, dans lesquelles, vingt ans après, il recommandait à ses enfants le pardon des injures. « *Dieu vous pardonnera*, leur disait-il, *comme vous aurez pardonné. Les hommes mêmes haïssent les vindicatifs, et ils vous estimeront à proportion de ce que vous serez bons et pardonnants.* »

CHAPITRE IV

ANTOINE DE COURTOIS.

La localité, son histoire et celle de la famille sont connues; et nous osons croire que l'homme dont elles encadrent et éclairent la physionomie le sera d'autant mieux lui aussi, par cette esquisse du milieu où se passa et se dépensa sa vie.

Nous savons dans quelle condition et sous l'empire de quel ordre établi il s'est formé; et ce que nous venons d'en dire nous aidera à comprendre l'horizon moral qu'il portait en lui-même.

On s'est trop habitué de nos jours à scinder et à séparer ce que Dieu a uni : la foi chrétienne et la nature humaine, l'ordre religieux et l'ordre social, l'être moral et l'être physique, l'individu et la famille, la famille et le foyer, le foyer, siége permanent des traditions domestiques, et le sol fécondé par le travail et consacré par la mémoire des aïeux. La Providence a créé les rapports les plus étroits, une harmonie vivante, entre toutes ces choses qui constituent les principes fondamentaux de l'existence des hommes en corps de société [1]. En les isolant, nous avons produit l'état douloureux d'antagonisme et d'instabilité où nous sommes. Il faut les rapprocher et les observer dans leur pénétration mutuelle; les études les plus utiles seront désormais celles qui rétabliront pratiquement la notion précise de ces idées simples.

Des biographies ou des monographies de familles bien faites nous ouvriraient, sous ce rapport, des perspectives lumineuses. De telles observations effectuées et présentées en dehors des préjugés, des passions et des partis qui nous divisent, nous ramèneraient à la simplicité des grandes formules [2] et prépareraient l'union à réaliser, pour

1. M. Charles Périn, l'éminent professeur de droit public et d'économie politique à l'Université de Louvain, vient de publier, sur *les Lois de la société chrétienne*, un savant et éloquent tableau de la véritable philosophie de l'histoire, envisagée au point de vue des besoins de notre temps (2 vol. in-8, Lecoffre, 1875).

2. Consulter sur cet important sujet la lettre écrite à M. Le Play par Mgr Isoard, auditeur de Rote pour la France à

les restaurer dans nos lois et dans les éducations. Le temps des palliatifs est fini : les chrétiens en sont convaincus, et les vrais philosophes ne peuvent plus en douter ; mais, ils ont à se demander s'ils ne perpétuent pas les palliatifs, en ne s'occupant pas des conditions naturelles, normales, nécessaires, de la stabilité et de la moralité des races humaines. Ainsi, beaucoup de nos contemporains ne conçoivent plus la famille qu'à l'état nomade; ils voient là un fait consommé, sur lequel la force des choses interdit de revenir et pour lequel il n'y a pas de remède. Là est la racine du mal dont sont atteints une foule d'excellents esprits. Il faut s'attaquer à ce mal, sous peine de périr religieusement et socialement. Le bien ne peut plus se produire, en quoi que ce soit, dans un pays où les premières lois sociales sont considérées et traitées comme si elles étaient choses indifférentes.

Rome, et intitulée : *Le retour au vrai et le rôle du clergé*, 3e édit., 1875. Cette lettre forme la matière d'une des brochures de l'*Union de la paix sociale*.

Mgr Isoard est l'auteur de deux livres sur *La vie chrétienne* et *La Prédication* (Albanel, 1871), qui se recommandent à toute l'attention des gens de bien. On y trouvera exposée, avec un grand talent et un rare esprit d'observation, la nécessité de restaurer, dans la vie des individus, des familles et des sociétés, « les grandes maximes du christianisme. »

Et maintenant, après avoir contemplé la famille d'Antoine de Courtois, nous voudrions ne pas donner la parole à ce dernier, sans le connaître un peu lui-même. Nous voudrions le montrer dans cette maison et dans ce domaine paternels qu'il gouvernait si parfaitement[1], dans ce foyer où il était respecté comme un souverain, dans cette intimité de famille qu'il rendait si douce et si attrayante, dans cette vallée de Sault dont il était la première des autorités sociales et qu'il maintenait en paix. On raconte que, sous les dehors d'un gentilhomme campagnard, il gardait une grande culture intellectuelle, que sa conversation était pleine de reparties heureuses, que, lorsqu'il sortait de ses montagnes, il étonnait ceux auxquels son costume rustique ne laissait pas soupçonner les ressources de son esprit.

Son style aussi le peint bien : les expressions semblent sauter toutes vives du cœur sur le papier; un flot de vrais sentiments jaillit en quelque sorte de sa plume. Point de spéculations transcendantes,

1. Dans un des appendices du second volume, nous publions les Conseils qu'un propriétaire agriculteur de la Bresse, J.-B. Garron de la Bévière, ancien représentant de sa province aux Etats-Généraux, donnait en 1797 à sa fille, au moment où il venait de la marier. Nos lecteurs trouveront intérêt à rapprocher ce document du Livre de raison d'Antoine de Courtois.

point de phrases ni de digressions inutiles. L'idée va droit au but, et le mot propre la traduit sans effort, par un art pour ainsi dire inné [1].

Quelques points se dégagent au milieu de beaucoup d'autres, et ils demandent à être soulignés et mis en vue.

Il travailla d'abord à faire de ses enfants de bons chrétiens; et on admirera l'abrégé qu'il leur traçait des fondements de la foi. Sous l'égide de la foi, il plaça les mœurs; et on sera ému en voyant à quel point il se constitua le gardien de leur innocence. Enfin, il ne cessa de s'adresser à leur raison, de s'appliquer à fortifier leur volonté et à développer en eux le jugement.

Il avait à cœur qu'ils fussent à la fois des esprits croyants et des esprits pratiques, aptes à bien penser et à bien agir.

Il leur rendait sensible par des exemples l'ordre qu'ils auraient à mettre en toutes choses chez eux et autour d'eux. Ainsi, il leur conseillait de faire comme lui, de dresser leur budget au commencement de chaque année, d'écrire exactement leurs

1. Antoine de Courtois avait fait de fortes études au collége des Oratoriens, à Tournon (Ardèche), et, après les avoir terminées, il avait complété son éducation intellectuelle et littéraire, en exerçant pendant deux ans le professorat dans cet important établissement d'instruction.

recettes et leurs dépenses; il leur recommandait, non de livrer les secrets de leur intérieur au premier venu, mais de se confier à l'avis des parents, d'un ami sûr et éprouvé. Il les initiait à la pratique de l'épargne, il leur faisait une loi de ne jamais emprunter, il les instruisait sur la culture et l'administration de son domaine. Il s'élevait plus haut sur ce sujet, et il leur inculquait la notion chrétienne et morale du droit de propriété qui n'autorise pas le droit d'abuser, et ne consiste pas en une jouissance égoïste aboutissant à dissiper le fonds avec le revenu. Selon les anciennes mœurs des familles respectables, il se considérait simplement comme usufruitier des biens dont Dieu et ses pères l'avaient pourvu, et comme obligé de travailler à les améliorer pour les transmettre à ses successeurs. Il mettait au nombre des plus grands devoirs d'un chef de famille, celui de faire son testament et de régler son héritage.

L'intérêt religieux, domestique et social de la paix à entretenir chez soi et autour de soi était l'objet spécial de remontrances pressantes, où son cœur se montrait aussi généreux qu'affectueux. Il sentait l'importance des procédés à garder dans les rapports, même avec les serviteurs.

Il était assisté dans cette œuvre par sa femme,

Antoinette de Tamisier, dont il a tracé le plus bel éloge, en disant « qu'elle était d'une prudence rare et qu'elle avait *une raison infaillible.* » Il se rendait le témoignage de ne jamais lui avoir donné volontairement un moment de chagrin ; il jouissait avec elle d'une félicité sans mélange, et il souhaitait à ses enfants qu'ils méritassent de trouver comme lui le véritable bonheur dans une union qui ne se bornerait pas à satisfaire une passion d'un instant, mais qui réaliserait l'alliance de deux familles vertueuses, également honorées et à peu près de même fortune.

N'oublions pas de marquer combien il insistait *pratiquement* sur l'obligation du travail, et de quelle autorité, en prévision de sa mort, il investissait la mère de ses enfants, pour lui donner les moyens de les astreindre à remplir un rôle utile en ce monde, ajoutant que « *l'oisiveté est le tombeau des vertus* » et que « *les hommes oisifs sont des hommes nuls, ennuyés et ennuyeux.* »

Quand il avait l'occasion d'écrire à ses enfants, il le faisait avec une simplicité charmante. Ses lettres étaient pleines des inspirations de son cœur et de l'idéal de sage raison qui ne le quittait jamais.

Une de ses filles achevait son éducation à Avignon, et son extrême sensibilité était mise à l'épreuve par cet éloignement momentané de la famille. Son père relève son courage, il prend texte de là pour continuer de loin ses leçons et ses exhortations :

« Au nom de Dieu, mon enfant, garde ton âme et ton cœur à deux mains; ne te livre pas ainsi à tout sentiment. Réfléchis souvent à la nécessité et au mérite qu'il y a à subordonner à la raison les mouvements de ta sensibilité. Pour être heureux, pour être sage, il faut être chrétien, il faut n'aimer qu'avec raison, ne désirer et ne craindre qu'avec raison, voir en toutes choses la volonté de Dieu et s'y soumettre.

« Si le bon Dieu te destine à être un jour mère de famille, comment feras-tu pour supporter les sollicitudes du mariage, les transes continuelles dans lesquelles les enfants nous font vivre? Plus ils sont aimables comme toi, plus ils tourmentent le cœur, et par une tendresse infinie, et par une appréhension sans borne.

« Je te le répéterai toujours, ma bonne amie, tiens toujours ton âme à deux mains. Toutes tes peines te viendront de là. »

Une autre fois, la veille d'un premier janvier, il lui écrit encore:

« Tu es tout cœur, tu es tout esprit ; ton père et ta mère t'aiment bien, et tes lettres les font pleurer d'attendrissement et de joie. Nous ne t'avons pas eue ces jours de fête, mais tu étais l'objet de nos plus douces pensées, comme de nos plus chères espérances.

« C'est toi que nous bénissons la première. Ton bonheur est la première chose que nous demandons à Dieu, dans cette époque consacrée où il reçoit les vœux de toutes les familles chrétiennes et où il resserre les liens qui les unissent. Je lui ai demandé pour toi les grâces du salut, d'abord la prudence, parce que c'est le seul moyen d'éviter le mal, puis la douceur, l'affabilité, parce que c'est le seul moyen de se faire aimer de ses alentours, d'être en paix avec soi-même et avec les autres, et enfin la sagesse, parce que, sans elle, la vie n'est qu'une honte dans ce monde et un malheur dans l'autre...

« Nous voudrions intéresser à ton bonheur tous nos amis, toute la terre ; car l'amour paternel est insatiable.

« J'aime bien à te voir de si bonne heure de si beaux sentiments, parce qu'ils t'honorent et que ton honneur et ton mérite font toute ma gloire. Mais, pour me satisfaire, il faut autre chose : c'est dans ton sort, dans ta destinée, que je dois trouver mes véritables sujets de joie, mes véritables consolations, et c'est là que je reconnaîtrai les grâces et le sort que Dieu me réserve. »

« Souviens-toi, lui dit-il ailleurs, que rien ne doit jamais faire plier la raison, qu'il faut savoir résister à ses penchants et que la vertu est la force avec laquelle on se dompte.

« Le jour viendra où tu vivras avec le commun des hommes et des femmes, et alors tu te rappelleras ce que t'a dit ton pauvre père, que le mérite consiste à supporter avec douceur les torts du prochain envers nous, et qu'une offense supportée avec douceur nous fait mille fois plus d'honneur que les plus jolis compliments.

« Retiens bien ceci toute ta vie : tu seras d'autant plus heureuse, d'autant plus estimée, que tu supporteras mieux la contradiction.

« Je t'avais promis, tu le sais, de te faire un cours de morale dans mes lettres ; en voilà un des chapitres. »

Ses lettres sont signées : « *Ton bon papa, ton heureux papa.* » Et la bonne maman y ajoute aussi quelques lignes. Il n'est pas jusqu'à ces vieux mots tout gros d'affection, qui n'aient leur prix.

On peut juger par là de ce qu'est le vrai, le solide esprit chrétien, des sources où il s'alimente, des fruits qu'il produit, et apprécier s'il consiste dans un vain sentimentalisme. On verra encore son inspiration dans la direction qu'Antoine de Courtois donnait à ses enfants pour les lectures à faire. Il voulait qu'ils eussent sans cesse sous les yeux les *Evangiles*, afin de s'en pénétrer [1], et il ajoutait à l'*Imitation de Jésus-Christ* le *Génie du Christianisme*, dont la publication datait alors à peine de dix ans. Les circonstances dans lesquelles avait paru le livre de M. de Chateaubriand, lui avaient donné l'importance d'un événement : c'était au moment même où le Concordat venait de rouvrir les églises. N'est-il pas intéressant de trouver le *Génie du Christianisme* présidant, au fond des provinces, à la renaissance chrétienne, par l'action et les recommandations de l'autorité paternelle? Et n'y a-t-il pas là un exemple de ce qu'ont toujours fait les bons pères, de ce qu'ils auraient à faire aujourd'hui, en plaçant à leur foyer quelques ouvrages (pas beaucoup, car il les fau-

1. Voir dans notre second volume, Ire partie, le chap. v.

drait excellents), comme autant de dictames pour l'esprit et le cœur de leurs enfants?

Son fils et ses filles s'élevaient de la sorte autour de lui; mais, si douces que fussent ces joies de son foyer, il ne s'y renfermait pas exclusivement. Il recherchait et rencontrait près de lui d'autres affections. Il professait comme principe qu'on ne saurait trop remplir ses devoirs envers ses proches. Sa parenté était nombreuse, et il demandait à ses enfants de continuer, à l'égard de tous les membres de la famille, les mêmes rapports de respect et d'affection, de se rendre dignes de leur bienveillance.

Non loin de Sault, il trouvait à Lourmarin, village situé près des bords de la Durance, sa famille maternelle; le frère de sa mère, Pierre-Henri de Girard, secrétaire du Roi, administrateur et agronome distingué, bienfaiteur de populations qui lui avaient donné la preuve de leurs sentiments, en protégeant sa vie et en sauvegardant ses biens pendant la Terreur de 1793, chef d'une maison aux mœurs patriarcales où quatre fils étaient sur le chemin qui mène à la gloire.

Il le considérait comme un second père, et regardait ses enfants comme des frères. C'est sans doute à l'aîné d'entre eux qu'il avait adressé, en 1789, la profession de foi sur la médecine que nous lisons inscrite, sous forme de dédicace [1], au frontispice de sa thèse de baccalauréat en médecine.

Nous avons dit combien s'aimaient Philippe, Antoine et Auguste de Courtois. Leurs cousins ne s'affectionnaient pas avec moins de tendresse. Voici les vers que l'un d'eux, Camille, adressait à son frère Philippe de Girard :

« Puissions-nous, pénétrés d'une douce espérance,
Nous tenir par la main sur le bord du tombeau,
Et, comme aux jours de notre enfance,
Nous endormir... dans le même berceau! »

Deux des fils de Girard, Philippe et Frédéric, eurent un génie scientifique de premier ordre : Philippe surtout, si connu par son invention de la machine à filer le lin, et qui ne se lassa pas de faire des découvertes dont il fut le seul à ne retirer aucun profit. Sa longue et belle existence, l'his-

1. « *A M. de Girard fils, écuyer. Daignez agréer l'hommage de mes premiers travaux sur l'art de conserver la santé. Je le dois à celui dont l'amitié me fait sentir le prix de la vie. Je serai heureux si je réussis à en adoucir les maux, comme vous savez, Monsieur, nous en faire goûter les douceurs*, etc... ANTOINE DE COURTOIS. »

Nous devons la découverte et la communication de ce document à la rare obligeance de M. Germain, doyen de la Faculté des lettres de Montpellier, qui l'a recherché pour nous dans les archives de la Faculté de médecine.

toire héroïque de ses travaux, son indomptable dévouement au bien public si mal récompensé par la fortune, ont fourni matière à une de ces biographies populaires [1], à un de ces tableaux de mœurs tels que les aiment les Anglais, et dont la vie plus heureuse de Stephenson nous offre un des types. On y admire plus d'un trait caractérisant les anciennes éducations.

Le 12 mai 1810, paraît au *Moniteur* le décret qui promet un million à celui qui dotera la France de la machine à filer le lin.

La nouvelle en arrive à Lourmarin, au moment où la famille se met à table. Et le père, de fixer les yeux sur son fils, et de lui dire : « *Philippe, voilà qui te regarde.* » Ce simple mot suffit. Et Philippe se met le jour même à l'ouvrage ; il n'a qu'une pensée : illustrer le nom de son vieux père, travailler pour la famille... Deux mois se passent, la machine est trouvée, et, le 18 juillet 1810, Philippe, en prenant son premier brevet d'invention, devient le créateur de la nouvelle industrie linière en France.

1. *Philippe de Girard*, par M. Benjamin Rampal ; 5e édit., Paris, 1863.

Nous empruntons les détails qui le concernent à cette intéressante biographie.

Le vieux père ne jouit pas longtemps de la gloire de son fils : il meurt en 1811. Antoine de Courtois reçoit ses derniers vœux, et il les présente comme un adoucissement à la douleur de ceux de ses enfants qui sont au loin, et qui n'ont pas eu la consolation de pouvoir lui fermer les yeux.

« Rendez-vous tous ce témoignage, leur écrit-il, que vous avez conservé ce bon père au-delà du terme ordinaire de la vie humaine, et qu'après l'avoir honoré par vos talents et vos succès, vous avez encore rempli ses derniers jours par de nouvelles espérances. L'espérance est la joie de nos derniers moments; grâce à vous, jamais ce sentiment ne s'est éteint dans son cœur.

« Il est mort en se voyant renaître dans une troisième génération. Quel est celui de nous à qui un sort aussi doux sera réservé?

« Je vous dis cela, mes bons amis, pour adoucir autant qu'il est en moi les regrets de sa perte, et aussi pour vous persuader que vous devez à la mémoire de votre père, et à votre soumission à sa volonté, de travailler sans relâche aux grands objets qui vous occupent.

« En réussissant, vous couronnerez son ouvrage. « *Il vaut mieux*, me disait-il, *être père de celui qui fait une grande découverte, que d'être père d'un prince.* »

« Voyez par là combien il était heureux d'être votre père, et que cette pensée vous fasse redoubler d'efforts. Travaillez toujours sous ses yeux, toujours pour lui et toujours par son ordre [1]. »

Il est plus opportun que jamais de faire entendre de tels accents. Ceux qui suppriment dans notre pays les autorités paternelles le comprendront-ils? Sentiront-ils qu'ils brisent le grand ressort?

Nul n'a plus inventé que Philippe de Girard; il

1. Lettre du 4 octobre 1811.

Une succession inouïe de malheurs ne permit pas à cette bénédiction paternelle de porter ses fruits, dans une voie si différente de celle de la tradition et si pleine de risques. Philippe, encouragé par les suffrages de la science et de l'industrie, venait de construire à Paris même une filature modèle; travaillant de concert avec ses deux frères, il y avait absorbé le patrimoine de la famille, sur la foi que ses machines, en retour de la récompense promise, reviendraient à l'Etat. Survinrent l'invasion, l'écroulement de l'Empire, et toutes les promesses demeurèrent comme non avenues. Enfin, mettant le comble à ces rudes épreuves, un employé infidèle vendit en Angleterre, pour la somme de 500,000 francs, l'invention de Philippe de Girard...

Depuis lors, toutes les réclamations avaient été inutiles, lorsqu'en 1853, sur l'initiative de savants et d'industriels éminents, une loi fut votée qui accordait une pension à titre de récompense nationale à ses héritiers.

Le Conseil général de Vaucluse a décidé naguère que sa statue serait élevée sur la place publique de Lourmarin.

portait sur tout et partout la fécondité de son esprit, malgré la difficulté des temps, à travers les obstacles de tout genre que lui opposaient les intérêts contraires. Et cependant, il se serait révolté, si on lui eût dit qu'il y avait une seule invention à faire en morale, sur le terrain des grands principes auxquels les sociétés doivent leur existence. Accueilli à l'étranger avec la distinction qu'il méritait, il garda toujours, et au plus haut degré, le culte de la maison paternelle. En 1823, il apprend qu'elle est menacée d'être vendue aux enchères. « Pour obtenir de ses créanciers un sursis, il ne possédait rien que son génie : il en vendit l'emploi. Un traité de dix ans l'attacha à la Russie, en qualité d'ingénieur en chef des mines de Pologne. Au seuil de la vieillesse, il venait de donner les dernières années viriles qui lui restaient, pour racheter le berceau de son enfance et conserver le droit d'être inhumé dans le tombeau de ses pères [1]..... »

1. *Philippe de Girard*, p. 23.

Le souvenir de cet intrépide Français est toujours vivant en Pologne. Au moment où nous écrivons ces lignes, la presse provençale annonce que l'empereur de Russie vient d'offrir un bloc de porphyre pour le piédestal de la statue de Philippe de Girard, et que la ville de Girardow a voté, pour le même monument, une somme de 25 000 francs, comme témoignage de reconnaissance à l'égard de la mémoire de

Ses frères et lui avaient été élevés, non-seulement par une mère modèle, mais par une tante, véritable type de dévouement et de sainteté.

Ils avaient reçu d'elle à son lit de mort de belles et chrétiennes recommandations, des conseils semblables à ceux qui étaient donnés autrefois par les parents, dans le solennel passage de la vie présente à la vie future : — *Demandez à Dieu qu'il vous fasse la grâce de le bien aimer... Quand vous serez tentés de faire quelque chose qui ne serait pas bien, songez à votre bonne tante. Dites-vous à vous-mêmes : « Elle nous défendait cela, et c'était pour notre bien ; elle désirait de nous voir heureux, et on ne l'est pas, lorsqu'on n'est pas sage.* » Et les enfants à genoux de lui répondre : « *Chère tante, nous prions Dieu de bien graver dans nos cœurs les sages leçons que vous venez de nous donner. Nous ferons notre possible pour ne les oublier jamais....* »

On trouvera toute la scène décrite dans un récit qui suivra le Livre de raison d'Antoine de Courtois.

son fondateur. Une ville s'est formée en effet autour de la grande filature mécanique, dont le gouvernement russe avait confié en 1826 la direction à Philippe de Girard, et, non contente de prendre son nom, elle lui a emprunté les armoiries de sa famille.

C'est une histoire de la mort de Marie-Anne de Girard, retracée par son frère pour l'instruction de ses enfants. Antoine, neveu de cette femme éminente, l'avait vue mourir, il l'avait entendue ; et il avait copié le manuscrit, pour en faire l'objet de leçons et d'une sorte de culte domestiques, « *dans l'espoir qu'il serait utile à ses propres enfants, en leur inspirant le désir de ressembler à leurs ancêtres.* »

. . . .

Les vieux auteurs [1] et les histoires de nos communes s'accordent à nous dire quels rapports étroits ont lié jusqu'à ce jour l'ordre des localités à celui des familles. Les annales de chaque ville, bourg ou village, traduisant les qualités propres de la race, empruntent leurs traits distinctifs à l'esprit et aux traditions des foyers de toute classe pourvus de quelque stabilité.

L'auteur de notre Livre de raison nous donne le même enseignement par sa vie. Il se dépensait dans son pays non moins que dans son foyer, et il y trouvait une famille plus vaste, plus difficile à

1. Voir Bodin, *Les six livres de la Respublique*, 1599, liv. III, chap. VIII, où il est montré « comment l'origine des corps et communautés est venue de la famille. »

conduire que la sienne. Depuis que le Consulat avait rendu un peu d'ordre à la France, il était, comme maire de Sault[1], le personnage le plus occupé de sa commune et le chef réel du canton.

En 1812, à l'heure où il commençait son Livre de raison, il crut avoir acquitté sa dette envers ses concitoyens et devoir se consacrer entièrement aux siens. Il se démit de ses fonctions. Le pays se leva pour l'obliger à demeurer à sa tête. Le Conseil municipal lui envoya des délégués.

« *Pourrions-nous être indifférents*, lui disait-on dans une adresse, *pour les bienfaits dont vous avez comblé notre commune ? Elle était livrée à des procès lents et difficiles ; votre prudence et vos veilles sont parvenues à les terminer à son avantage. Elle était criblée de dettes ; votre sage économie n'a pas tardé à l'en libérer. Nous ne taririons pas, si nous voulions rappeler toutes les améliorations que nous avons éprouvées, depuis que nous vous avons pour maire.*

« *Veuillez donc oublier tous les soucis, toutes les peines inséparables de votre charge. Ne con-*

1. Le décret du premier consul, qui l'avait nommé maire de Sault, est du 5 floréal an X.

sidérez que le bonheur de la population de Sault; faites enfin cesser l'état d'anxiété où nous sommes, et donnez-nous la certitude que vous voudrez bien achever votre ouvrage. »

Celui qui était l'objet de tels témoignages de confiance et d'affection céda et se dévoua de plus en plus. Un des objets importants, difficiles même, qu'on le jugeait seul en situation de bien régler pour le pays, était le cantonnement des bois communaux à effectuer d'un commun accord avec les représentants des anciens seigneurs. Il y avait des contestations à éviter, un ordre stable à fixer, et l'expérience a prouvé depuis quelle avait été sa sagesse, en conjurant des procès qui n'ont pas été heureux pour les communes voisines. Il demeura à la mairie de Sault jusqu'en 1816. Dès qu'il crut son œuvre achevée, il se retira de la vie publique, et il le fit en présidant lui-même à l'installation de son successeur. « Depuis quinze ans, dit-il, je veillais à la conservation et à la paix de mon pays. Pendant ces longues années, je n'eus à partager que les douleurs et les pertes de mes concitoyens. Ma seule consolation fut de les voir vivre dans une union et une tranquillité que toutes les communes du département nous envièrent... Plus heureux que moi, vous n'aurez qu'à partager des sentiments de bonheur et de joie. »

La paix n'est-elle pas en effet, pour les sociétés, comme pour les familles, la pierre de touche du vrai et du bien? « *Sault avait été en paix.* » Antoine de Courtois trouvait le mot consacré chez tous les peuples et dans tous les temps [1], pour faire honneur à son pays d'avoir su garder le secret d'être heureux .

L'agriculture devint dès lors, avec son intérieur, l'objet de ses préoccupations et de ses soins. Il avait toujours regretté de ne pouvoir y joindre l'exercice d'une magistrature locale, telle que l'office de judicature de ses devanciers, qui lui eût donné une carrière à remplir en rapport avec ses goûts, et aussi les moyens de pousser ses enfants dans le monde. Il mit tout son orgueil à faire valoir le domaine de ses pères, à l'améliorer, à y mettre en pratique les maximes du *Mesnage des champs* d'Olivier de Serres. Un de ses travaux de prédilec-

1. La Bible ne peut mieux célébrer le règne de Salomon qu'en disant: « *Chaque famille de Juda et d'Israël vivait en paix sous sa vigne et son figuier.* » Les Rois, liv. III, chap. IV, 25.

C'est aussi l'image par laquelle Olivier de Serres traduira, en tête de son *Mesnage des champs*, l'œuvre de pacification et l'ère de réparation qui ont marqué dans la mémoire du peuple le règne de Henri IV.

tion était l'épierrement de ses terres de montagne, qu'il exécutait pour les conquérir à la culture; il y présidait souvent en personne, sans craindre la fatigue, bravant même les mauvais temps, au point d'y prendre des douleurs rhumatismales qui devaient abréger ses jours. Nous avons dit qu'il avait semé des glands de chêne destinés à se transformer en futaies pour ses successeurs. Un de ces semis se trouvait derrière les bâtiments de sa maison d'habitation; les arbres avaient grandi; bien taillés par sa main attentive, ils lançaient des tiges droites et vigoureuses qui promettaient dans un prochain avenir de beaux ombrages. On raconte dans la famille de quel intérêt il les entourait, donnant chaque année à une jeune servante la mission de les écheniller.

Il continuait et complétait en même temps son Livre de raison, commencé en 1812, et il y insérait, avec de nouveaux détails concernant ses affaires domestiques, sa comptabilité agricole et des statistiques de ses récoltes. A la date de 1819, il écrivait un « *Nouvel état de la situation de la famille dérogeant aux états précédents.* » Plus loin, et à une date postérieure, en 1822, ce sont de nouvelles indications qui s'ajoutent à celles qu'il a déjà fournies.

Il avait reconstruit en partie sa résidence rurale; il avait fait inscrire au-dessous de la pierre angulaire les noms de sa femme et de ses enfants, pour la rendre en quelque sorte immortelle dans sa descendance. Il est impossible de le lire sans être attendri, quand il montre sa mémoire comme devant être un jour le palladium des champs paternels. On comprend néanmoins qu'il pressent, en redoutant d'y arrêter son esprit, tous les obstacles que vont soulever à cet égard les nouvelles lois. Il pense même à la création d'un majorat, qui serait pour son domaine héréditaire la seule garantie de stabilité. La liberté testamentaire, ne pouvant plus être exercée d'une manière utile et qui prévienne la liquidation de l'héritage, il voudrait user du moyen que la politique de Napoléon Ier avait inventé, pour la conservation de quelques familles [1], dans la ruine à peu près totale de toutes les autres.

1. Napoléon Ier écrivait le 5 juin 1806 à son frère Joseph : « Etablissez le Code civil à Naples; tout ce qui ne vous sera pas attaché va se détruire en peu d'années, et ce que vous voudrez conserver se consolidera. Voilà le grand avantage du Code civil... Il consolide votre puissance, puisque, par lui, tout ce qui n'est pas fidéicommis tombe, et qu'il ne reste plus de grandes maisons que celles que vous érigez en fiefs. C'est ce qui m'a fait prêcher le Code civil et m'a porté à l'établir. » *Mémoires et correspondance politique et littéraire du roi Joseph*, t. II, p. 275; Paris, 1853.

Hélas! ses craintes ne se sont que trop réalisées. La nécessité fatale qu'il redoutait s'est produite après sa mort. Le manoir, où sept générations s'étaient succédé de père en fils depuis les premières années du XVIIe siècle, a été sacrifié au XIXe par l'application des lois nées des théories du *Contrat social* de Rousseau : il a dû être liquidé, il est sorti de la famille, à la douleur de ceux qui y ont été forcés par la législation.

L'œuvre de deux siècles a été détruite ; voilà un des exemples de la dure contrainte que notre régime des successions impose aux familles [1].

1. Pour juger des conséquences fatales de notre régime des successions, il faut se détacher de ses idées préconçues et interroger les faits. Nos lecteurs pourront s'instruire pleinement sur ce grave sujet, en lisant et relisant la saisissante histoire de la famille des Melouga, tracée dans une des monographies de M. Le Play et complétée par les études récentes de M. Cheysson, ingénieur des ponts et chaussées, sur la situation de la même famille en 1860 et 1874.

Les Melouga sont des paysans établis à Cauterets (Hautes-Pyrénées) depuis plus de 400 ans, dans un petit domaine patrimonial. Ils ont pu jusqu'à ce jour s'y conserver et le faire prospérer, grâce à des mœurs excellentes, sous l'égide de coutumes que consacrait la loi du pays et que respectaient les hommes d'affaires. Mais, pour ce foyer comme pour les autres, le jour est venu où le choc s'est produit entre la Coutume et le Code civil. Malgré des efforts héroïques, la famille est au moment d'être brisée, et sa ruine est imminente. — Le Play, *Organisation de la famille*, Mame, Tours, 1875, 2e édition.

Celle-ci, demeurée fidèle au pays natal et toujours attachée au sol, a été assez forte pour résister à la désorganisation, résultant d'un tel état de choses. Elle subsiste avec les mêmes principes et le même honneur. Mais combien d'autres sont irrévocablement perdues !

Terminons ici cette étude d'histoire intime, et concluons.

Le Livre de raison d'Antoine de Courtois s'offre à nous comme un des plus beaux modèles pratiques du bien. Il est l'expression aussi simple qu'éloquente des grands principes, des grands devoirs; un des fruits exquis produits par cette noble civilisation chrétienne, qui, fondée sur l'ordre naturel donné par Dieu à la famille, avait implanté, jusque dans les cantons les plus reculés de notre pays, de fortes et glorieuses races, fidèles à Dieu, au foyer et à la patrie.

Antoine de Courtois couronna, en 1828, sa noble vie par une mort digne d'elle. « *La mort est l'acte le plus important de la vie*, avait-il écrit dans son Livre : *nous ne vivons que pour mourir; cette vie ne nous est donnée que pour nous conduire à celle qui suit la mort... Mes enfants, ne quittez pas la religion de vos pères. Suivez-nous, vous nous retrouverez en paradis.* »

Il ne pensait certes pas alors, dans la modestie de son caractère, que son manuscrit serait publié. On l'eût très-étonné, si on lui eût dit que viendrait le jour où ses conseils à ses enfants seraient proposés à tous comme un enseignement, et que tant de pages éloquentes, inspirées par l'amour de ce qu'il avait de plus cher au monde, seraient pour lui et les siens un titre de gloire. Or, là est précisément l'intérêt de son œuvre, de là sa pleine sincérité et sa haute valeur.

« *Je voudrais*, avait-il dit encore, *pouvoir appeler ce Livre la sagesse de la famille. Il faut qu'il se continue d'âge en âge, qu'il soit le dépositaire de nos succès comme de nos erreurs, en sorte que, faisant tourner au profit de ceux qui viendront le bien et le mal de ceux qui existent, il lie toutes les générations les unes aux autres et n'en forme qu'une famille toujours vivante.* »

Belles maximes! Elles contiennent pour nous une des vérités maîtresses, nécessaires à la réforme de notre pays. Les abus du raisonnement nous ont perdus, et ils menacent de compromettre la raison elle-même dans la confusion croissante des idées, en nous condamnant à l'impuissance absolue de vouloir et d'agir. Ils ont commencé par ébranler les croyances qui réglaient les consciences ; ils se sont ensuite attaqués à ce que nos pères nommaient si bien *la Coutume*, c'est-à-dire à ce fonds solide de principes acquis et de mœurs établies, sur lequel s'appuient toutes les institutions de la vie privée et de la vie publique. Ils nous mènent droit aujourd'hui à la souveraineté absolue d'instincts aveugles et à une notion du progrès qui part de l'invention d'une nouvelle morale, pour aboutir à la prétendue génération spontanée de tout un ordre social nouveau.

Il faut rentrer dans les voies tracées par l'expérience, sous peine de nous livrer à des catastrophes sans fin et sans remède. L'expérience n'est-elle pas la grande pierre de touche? Et ne l'est-elle pas dans la famille plus qu'ailleurs, parce que là tout désordre atteint directement le coupable? Le père qui a enseigné l'erreur ne recueille-t-il pas chez ses enfants les fruits amers de ce qu'il a semé?

Antoine de Courtois l'exprimait aux siens :

« *Ne vous laissez pas égarer par de vains systèmes; vous vivriez moins tranquilles, vous seriez sans espérance, et vous mourriez sans consolation...* »

« *Dans toutes les circonstances de la vie, vou-*

lez-vous prendre le meilleur parti ? Demandez-vous ce que vous conseilleriez à vos fils et à vos filles en pareille occurrence, et faites-le hardiment. Étrange condition de l'homme déchu ! Ce n'est que pour conseiller ses enfants qu'il retrouve la sagesse. »

Aussi donne-t-il pour titre à son manuscrit, non pas : « *Mon Livre de raison,* » mais : « *Livre de raison de la famille de Courtois-Durefort.* » Dieu est invoqué et béni : « *Sit nomen Domini benedictum.* » Les trois vertus fondamentales ouvrent les premières pages de ce répertoire de vérités pratiques : « *La foi, l'espérance et la charité.* » Toute la direction de la vie est là.

A la même époque, nous trouvons en Bourgogne un profond et pénétrant esprit qui, lui aussi, tenait son journal. Contemporain d'Antoine de Courtois, mais placé sur un plus grand théâtre, Joubert, appelé par M. de Fontanes à prendre rang parmi les inspecteurs généraux et dans le Conseil de l'Université, venait chaque année redemander un peu de santé à sa résidence rurale et à sa retraite de Villeneuve-sur-Yonne. Là, méditant sur les observations que lui inspirait l'étude des hommes et de la société, il jetait sur des feuilles détachées ses pensées si fortes, si justes, si pleines de l'arome du vrai et du bien et du sentiment du beau[1], dont on a dit qu'elles enfoncent le trait. Il faisait, pour entretenir autour de lui le feu sacré, ce que notre père de famille réalisait pour remplir son devoir d'instituteur de ses enfants.

C'est lui qui, voyant « *l'idée de l'ordre en toutes choses* comme la base et la condition du relèvement des éducations, » disait : « EVERSO SUCCURRERE SECLO *devrait être la devise de l'Université,* » et, sur la méthode à prendre : « *Les enfants ont plus besoin de modèles que de critiques.* »

Les modèles à ses yeux n'étaient pas seulement nécessaires à l'enfance; ils l'étaient également aux peuples que le temps entraîne, et dont il emporte les bons usages, les bonnes manières, les bonnes mœurs, les bonnes opinions. « *Il y a dans chaque siècle,* observait-il, *même dans les siècles les plus éclairés, ce qu'on peut à juste titre appeler l'esprit du temps, sorte d'atmosphère qui passera, mais qui pendant sa durée trompe tout le monde sur l'importance et sur la vérité même de la plupart des opinions dominantes.* » Aussi,

1. *Pensées de Joubert*, précédées de sa correspondance, d'une notice sur sa vie, son caractère et ses travaux, par M. Paul de Raynal; 3e édition, Paris, Didier, 1862, 2 vol. in-12.

pour ne pas se laisser tromper par les prétendus progrès, pensait-il qu'en matière de principes et de mœurs on devait « *présumer bon ce qui a toujours été.* » — « *Il y a des mœurs et des coutumes attachées à la nature humaine et qui se trouveront toujours partout. On dit de tel usage qu'il est grec, romain ou barbare. Moi, je dis qu'il est humain...* » Sa conclusion était qu'il fallait opposer aux nouveautés révolutionnaires du siècle « *les idées morales de tous les temps.* »

Peu d'hommes de sa génération ont vu plus clairement le néant des formules nouvelles qui suppriment ces idées morales ou n'en tiennent plus nul compte :

« *Nous vivons dans un siècle où les idées superflues abondent et qui n'a pas les idées nécessaires.*

« *Peu d'idées fixes et beaucoup d'idées errantes, des sentiments très-vifs et point de sentiments constants, l'incrédulité aux devoirs et la confiance aux nouveautés, des esprits décidés et des opinions flottantes, l'assertion au milieu du doute, la confiance en soi-même et la défiance d'autrui, la science des folles doctrines et l'ignorance des opinions des sages, tels sont les maux du siècle.*

« *La coutume étant détruite, chacun se fait des habitudes et des manières selon son naturel, grossières s'il a le naturel grossier. Déplorables époques que celles où chaque homme pèse tout à son propre poids, et marche, comme dit la Bible, à la lumière de sa lampe !*

« *Nos réformateurs ont dit à l'expérience : tu radotes, et au temps passé : tu es un enfant.*

« *Une voix trompeuse a perdu le monde, en nous criant : Invente et tu vivras. Ce qui était ancien n'a plus suffi au genre humain ; il a voulu des nouveautés et s'est forgé des monstres qu'il aspire à réaliser.*

« *Toutes les fois que les mots* autels, tombeaux, héritage, terre natale, mœurs anciennes, nourrice, maîtres, piété, *sont entendus ou prononcés avec indifférence, tout est perdu* [1]. »

Joubert jugeait, avec un sens rare des réalités, le grand mal de notre temps, plus intellectuel encore que moral. Il savait bien qu'il y avait eu des

1. Ces citations des *Pensées de Joubert* sont extraites du Titre XVI, « *Des mœurs publiques et privées* »; du Titre XVIII, « *Du siècle* » ; du Titre XIX, « *De l'éducation.* »

époques où les classes dirigeantes et les lettrés avaient donné l'exemple de toutes les corruptions sensuelles; mais il n'en trouvait point où ces classes eussent usé à ce point de leur autorité pour nier ou laisser nier les premiers principes de l'ordre naturel lui-même, et où les classes populaires eussent été ainsi livrées à la tyrannie de l'erreur, à la propagande du mal. « *Ce sont les erreurs de l'esprit qui seules ont causé tous nos maux*, écrivait-il; *les plus entêtés ont été les plus scélérats.* » Et il ajoutait encore cette observation de fait : « *Les esprits propres à gouverner non-seulement les grands Etats, mais même leur propre maison, ne se rencontrent plus. Aucun temps ne les vit si rares.* »

Avec Antoine de Courtois, comme avec tous les bons pères de famille, dont nous avons fait connaître les actes et les œuvres, nous pouvons nous instruire sur les moyens de revenir aux vrais principes, et réapprendre, plus efficacement que par des considérations théoriques, comment se forment les races propres au gouvernement des foyers et des localités, chez lesquelles les pouvoirs publics trouvent un ferme appui pour le maintien de l'ordre, des libertés populaires, de la stabilité et de la paix sociales.

I

LIVRE DE RAISON

DE LA

FAMILLE DE COURTOIS-DUREFORT

COMMENCÉ EN 1812

PAR ANTOINE DE COURTOIS

Sit nomen Domini benedictum.

La Foi, l'Espérance et la Charité !

« Je Antoine de Courtois, docteur en médecine, maire de cette ville de Sault et président du canton, ai commencé dans l'année 1812 ce Livre de raison, pour y consigner l'état de ma famille et les observations qui me paraîtront pouvoir lui être avantageuses.

« Je l'ai fait pour mes chers enfants; je désire qu'ils le regardent comme une preuve de l'extrême affection que je leur porte et de ma sollicitude pour leurs intérêts présents et à venir.

« Mon intention est qu'il reste au pouvoir de mon fils aîné, pour qu'il le continue et le transmette à ses enfants, afin de perpétuer parmi nous ce témoignage de notre attachement réciproque. *C'est le moyen d'améliorer le sort de la famille, par une expérience domestique toujours plus sûre et plus efficace que le raisonnement.*

« Ce n'est que par l'ordre, par la sagesse dans la conduite, par une grande économie dans les dépenses et une extrême vigilance dans l'exploitation de l'héritage de nos pères, que nos chers enfants pourront se soutenir et vivre avec honneur dans le monde.

« Mais c'est surtout en embrassant une profession honorable et utile, et en en remplissant tous les devoirs avec zèle et probité, qu'ils s'assureront une existence honnête et du pain à leurs descendants...

« Je fais donc à mes enfants et à mes successeurs la recommandation expresse de prendre un état toujours proportionné à leurs moyens de fortune et à leur éducation. C'est à l'accomplissement de cette condition que j'attache le succès des vœux que je ne cesse de former, pour attirer sur eux toutes les bénédictions du ciel. Oui, mes chers enfants, et vous tous, mes chers descendants, que je porte dans mon cœur sans vous connaître, écoutez la voix qui sort de mon tombeau et qui vous crie : *Prenez un état*. La pauvreté, l'ennui et le vice sont l'apanage nécessaire de celui qui vit dans l'oisiveté.

« Ce Livre de raison contiendra avec mes conseils à mes enfants :

« I. *Une notice sur la famille, depuis son établissement dans cette ville de Sault*. Je laisserai à sa suite des feuilles en blanc, pour que nos enfants puissent la continuer.

« II. *L'état des maisons, bâtiments et biens fonds appartenant à la famille*, avec l'indication de leur contenance et de leur valeur aujourd'hui, en l'année 1812.

« III. *L'état des créances ou dettes actives*.

« IV. *L'état des dettes passives*.

« V. *L'état des pensions et charges supportées par la famille*. L'inventaire du mobilier sera fait sur un cahier à part, attendu les variations dont les meubles sont susceptibles.

« VI. *Le compte-rendu de mon administration*, pour faire connaître à mes enfants ce que j'ai fait dans l'intérêt de l'amélioration de notre patrimoine, afin qu'ils évitent ce qu'ils reconnaîtront avoir été mauvais et qu'ils imitent ce qu'ils jugeront avoir été bon.

« J'invite mes enfants à rendre aussi compte de leur administration à leur descendance, et je désire que cet usage se perpétue dans la famille. Il sera avantageux aux pères et aux fils, il soutiendra le zèle des uns, la reconnaissance des autres et l'émulation de tous[1].

« VII. *Des observations sur ce que l'expérience m'a appris relativement à l'exploitation de nos champs*, afin d'en retirer le meilleur et le plus grand produit possible[2].

« Ce chapitre doit être soigneusement continué; c'est en appliquant à chaque terre la méthode de culture la plus convenable, qu'on en augmentera la valeur et le revenu.

1. « Au nom du Père, du Fils et du Saint-Esprit. Un père doit à ses enfants, un citoyen à sa patrie, le compte de sa vie; c'est un cours d'expérience des plus utiles. » — Livre de raison d'Ange-Paul-Louis de Gardane, commencé en 1765 e continué jusqu'en 1817.

2. Plus de la moitié du Livre de raison étant consacrée aux affaires domestiques, nous avons dû nous borner aux quelques extraits qui peuvent être publiés; et, pour ne pas briser l'unité du travail, nous avons simplement transposé ces fragments en les incorporant aux conseils placés en tête du manuscrit.

« Nota. — On ne trouvera pas dans ce Livre de raison l'inventaire de mes papiers, parce que j'ai fait cet inventaire sur un cahier à part. Au reste, je dois observer que mes papiers sont réunis dans sept liasses ou paquets différents, que l'inventaire est divisé en sept chapitres correspondant aux sept liasses, et que chaque chapitre indique tous les papiers renfermés dans chaque liasse. Ainsi, pour avoir une connaissance exacte de nos affaires, il faut toujours joindre au présent Livre de raison l'inventaire général des biens meubles et immeubles de la famille, que j'ai fait sous la date du 27 février 1813, et l'inventaire des papiers de la maison qui est sous la date du 25 février de la même année.

CONSEILS A MES ENFANTS

« Adèle, Charles, Joséphine, et toi mon jeune Auguste, vous tous, mes chers enfants, en qui j'ai déposé ma vie et l'espérance que notre nom sera honoré par vos vertus et passera sans tache à nos descendants, écoutez avec confiance et recueillez dans votre âme les conseils de votre père. Faites-en la règle de votre conduite, et transmettez-les à votre postérité, après y avoir ajouté ce que vos réflexions et votre sagesse particulière vous auront fait connaître de plus utile et de meilleur.

« Antoine de Courtois. »

I

La religion.

« Soyez fidèles à la religion chrétienne que vos « pères ont toujours professée.

« C'est le seul moyen pour vous d'être heureux « dans ce monde et dans l'autre ; car, vous l'éprou- « verez un jour, les préceptes de notre foi sont « aussi utiles pour la vie présente que pour la vie « future. Vous pouvez m'en croire.

« Il est évident que ce monde a été créé par « Dieu, et que chaque créature doit y remplir les « devoirs de sa condition.

« Il est évident que, quel que soit l'empire de

« nos passions, nous avons notre libre arbitre, et « que ce libre arbitre nous donne le pouvoir de faire « le bien ou le mal.

« Il est évident qu'il y a des bons et des mé- « chants. Il est donc nécessaire qu'il y ait une autre « vie pour la punition des méchants et la récom- « pense des bons.

« Ne vous laissez pas égarer là-dessus par les vains « systèmes des philosophes ; vous vivriez moins « tranquilles, vous seriez sans espérance, et vous « mourriez sans consolation. La foi est la gloire de « l'homme. Les bons sont ceux qui adorent Dieu, « qui remplissent les devoirs de leur état, et qui « ne font pas aux autres ce qu'ils ne voudraient « pas qu'on leur fît à eux-mêmes.

« Observez autant que possible les pratiques de « notre religion catholique ; vous verrez qu'elles « rendent l'exercice de la vertu plus sûr et plus « facile, et qu'elles remplissent le cœur de joie [1].

1. « Aimez et servez Dieu de tout votre cœur, et soyez remplis de confiance dans sa sagesse, sa justice et sa bonté. Avec cela, vous serez aussi heureux qu'il est possible de l'être, pendant la durée de cette courte vie, parce que vous

« Ne disputez jamais sur des points de théologie, « la raison humaine ne peut ni connaître, ni expli- « quer les mystères de Dieu. Devant ces grands « mystères, l'homme sensé se tait et s'incline dans « son cœur [1].

« Ayez la foi, l'espérance et la charité; là est le « salut. Que votre foi consiste à croire ce qui est « contenu dans le *Credo* et à être dans l'intention « de vous soumettre aux décisions de l'Église d'une « manière implicite, sans prétendre que vos rai- « sonnements et vos lumières doivent l'emporter « sur elles.

« La foi n'est que la soumission de votre raison à « celle de l'Église et à l'autorité de la révélation. Le « bon sens tout seul suffirait à vous persuader qu'il « n'y a point de danger à croire et à pratiquer ce

jouirez du plus précieux et du plus solide des biens, le témoignage d'une bonne conscience. Ce bien-là et celui-là seul est à l'abri des violences et des injustices des hommes; seul il porte sa récompense dans ce monde et dans l'autre.., » — Instructions de Pierre-Joseph de Colonia à ses enfants (1807).

Pierre-Joseph de Colonia, d'abord avocat général au Parlement de Provence, était devenu un des intendants généraux des finances sous Louis XVI et avait rempli ces hautes fonctions jusqu'à la révolution.

1. « Ne cherchez point ce qui est au-dessus de vous, et ne scrutez point ce qui surpasse vos forces. » Eccles., III, 22.

« que les saints et tant de grands hommes ont cru et « pratiqué. — L'espérance consiste à espérer le pa- « radis et à craindre l'enfer ; elle nous console dans « l'adversité, elle nous conserve dans le bonheur. « — La charité se résume en ceci : faire aux autres « ce que nous voudrions qu'on fît à nous-même. « C'est une règle de bonne conduite infaillible.

« Lisez l'Évangile, l'*Imitation de Jésus-Christ*, « et le *Génie du christianisme* par M. de Chateau- « briand.

II

La probité.

« Faites profession d'avoir une probité scrupu-
« leuse, et que tout le monde le sache. Gardez-vous
« de prendre ou de retenir ce qui ne serait point à
« vous, ne fût-ce que la plus petite chose. Il n'y a
« point en telle matière de faute légère.

« Rien n'est plus honteux, rien n'est plus désho-
« norant aux yeux des hommes que tout ce qui est
« contraire à la probité; rien ne fait plus craindre
« les jugements de Dieu que d'avoir et de garder le
« bien d'autrui. J'ai vu un homme riche qui, étant
« dans son lit de mort, chargea son fils de restituer
« vingt-quatre sols qu'il se reprochait d'avoir pris
« ou retenu injustement. Tremblez de vous mettre

« dans le même cas, vous auriez le même remords « et la même humiliation.

« Mais aussi ne soyez point d'une générosité dé-« sordonnée, conservez avec soin ce qui est à vous.

« La prudence veut que, dans les affaires d'inté-« rêt, on s'en rapporte toujours à l'avis d'un homme « impartial, d'une prudence et d'une expérience « consommées. Ainsi, avant de vous décider dans « vos affaires, pensez-y bien, et consultez même « pour les moindres objets. En consultant, on a « l'avantage d'être éclairé par l'avis d'une personne « désintéressée, et de réfléchir soi-même plus mû-« rement.

III

Les bonnes mœurs.

« Je ne saurais trop vous recommander les bonnes « mœurs. Pensez qu'elles conservent la santé et la « fortune, qu'elles donnent la considération, et qu'el- « les sont absolument nécessaires pour le mariage.

« Les bonnes mœurs consistent à éviter *avec hor-* « *reur* tous les lieux de débauche, à n'avoir aucune « liaison avec les femmes de mauvaise vie, à éviter « les maisons de jeu, à ne jamais jouer des jeux *de* « *reste* [1], à éviter les excès dans le boire et le manger.

« Rien n'est plus bas et plus méprisable que l'i- « vrognerie, et, pour vous rendre ce vice impossible,

1. Jeux de hasard.

« je vous conseille de ne jamais boire du vin. Les « buveurs d'eau vivent plus longtemps, ils sont plus « forts et plus sains. Soyez-en bien sûrs : il est fa- « cile de ne pas prendre l'habitude de boire du vin ; « mais, une fois cette habitude prise, il en coûte « beaucoup pour la satisfaire et des efforts souvent « pénibles pour se contenir dans les bornes de la « modération. Je n'ai bu du vin qu'à trente-cinq « ans, et j'aurais mieux fait de n'en boire jamais. Le « vin ne donne de la force qu'aux passions, il use « le corps et trouble l'esprit.

« Je t'en prie, mon bon fils, mon bon ami, n'entre « jamais dans aucune maison de débauche. C'est un « lieu d'où l'on ne sort que corrompu ; on y perd « souvent la santé et toujours ce charme de l'inno- « cence qui fait l'attrait des passions honnêtes avec « le bonheur de la vie.

« Veux-tu être heureux époux? Garde ta virginité « pour celle que tu veux trouver vierge : c'est alors « que le mariage est le paradis de ce monde.

« Ce conseil, mon bon ami, il n'y a que ton père « qui puisse te le donner ; ce n'est que de moi que « tu peux apprendre ce grand secret de la félicité

« humaine. J'y attache tant d'importance que je me « mets ici à genoux devant toi, je prends tes mains, « je les arrose de mes larmes; et, les yeux baissés « devant les tiens, je te dis, mon cher enfant, que, « depuis que tu es né, j'ai veillé nuit et jour à la « conservation de tes mœurs. J'ai écarté de toi, avec « le plus grand soin, tout ce qui aurait pu te cor- « rompre. Aujourd'hui que la mort me presse, je te « remets à toi-même le dépôt que Dieu m'avait « confié.

« Oui, garde-toi toi-même, mon fils, ne souille « point ton corps, garde-toi pour la femme que le « ciel te destine. Si à ma prière tu te conserves « chaste, crois que j'aurai plus fait pour toi que si « je t'avais laissé d'immenses richesses. Ta vie sera « longue; ta couche nuptiale ne cessera jamais de « t'être aussi chère, aussi douce que le premier « jour; tous tes jours seront des jours de satisfac- « tion, de paix et de bonheur domestique. Ton sang « pur coulera dans les veines de tes enfants. Leur « santé sera le prix de ta sagesse, et leurs bénédic- « tions seront une nouvelle récompense pour toi.

« Mon bon fils, tu dois donc conserver tes mœurs « pour ton bonheur, pour celui de ta femme et de

« tes enfants dans ce monde; mais tu dois les con-
« server aussi et surtout par la crainte des châ-
« timents de Dieu. La malédiction divine frappe
« les impurs. « *Maledictus homo qui..... Mulie-*
« *res eorum insensatæ sunt, et nequissimi filii*
« *eorum,* » dit l'Ecclésiaste.

« Quant au jeu, cette passion n'étant produite que « par l'oisiveté, j'espère qu'elle ne sera point à « craindre pour toi. Nous avons, d'ailleurs, dans la « famille, des exemples si frappants de ses dangers, « que ce serait un étrange aveuglement de ta part, « s'ils ne suffisaient pas à t'en préserver. Tu sais « qu'une des branches de notre maison, qui était « très-riche, est tombée dans la plus grande misère, « parce que, le goût du jeu s'y étant perpétué pen- « dant deux générations, elle a perdu tous ses biens. « On n'a partout qu'à regarder autour de soi, pour « voir que tous ceux qui ont eu l'habitude de jouer « ont ruiné leur famille, et que beaucoup même « ont fait une mauvaise fin.

« Souviens-toi toujours de cette définition si « juste du joueur :

« *Il commence par être dupe*
« *Il finit par être fripon.* »

« Le véritable et l'unique moyen de conserver « vos mœurs, mes chers enfants, est l'occupation « et le travail.

« Celui qui ne fait rien pense à mal faire. L'oisiveté « est la mère de tous les vices : de là la nécessité de « prendre un état, non-seulement comme un moyen « de fortune qui vous est nécessaire, mais encore « comme un moyen de bonheur indispensable. Vous « devez donc travailler incessamment à acquérir les « connaissances nécessaires à l'état pour lequel « vous vous destinez, et, une fois parvenus à cet « état, vous devez passer votre vie à en remplir les « devoirs : premièrement, pour vous y maintenir; « secondement, pour obtenir la considération pu- « blique ; troisièmement, pour augmenter votre « fortune et faire pour vos enfants ce que nos pères « ont fait pour nous.

« Le choix d'un état étant une des choses les plus « importantes de la vie, je vous en parlerai tout à « l'heure dans un article à part.

IV

Règlement et conduite de la vie.

« Le bon sens consiste à être judicieux dans sa « conduite, c'est-à-dire à se comporter en tout avec « réflexion, à ne rien faire dont on puisse se repen- « tir, et à tirer des gens et des choses le parti le « plus avantageux, mais toujours sans blesser l'hon- « neur ou la justice.

« La plupart des hommes n'acquièrent cette sa- « gesse que par une expérience pénible et coûteuse. « C'est à force de faire des fautes et des sottises qu'ils « apprennent à ne plus en faire ; mais cette science « leur arrive trop tard, lorsqu'ils sont déjà au bout « de leur carrière. En vain disent-ils alors à leurs « enfants : « *Si jeunesse savait ! Si vieillesse ou* -

« *vait !* » Leurs conseils ne sont point écoutés ; les « générations se succèdent, en roulant toujours « dans le même cercle d'ignorance et d'erreurs, et « l'inexpérience de la jeunesse ou les passions de « l'âge mûr détruisent ainsi les maisons les plus « solides que la prudence eût conservées.

« C'est pour éviter ce malheur, mes chers enfants, « et pour tourner à votre avantage les fautes mêmes « que j'ai commises, que je vais vous donner les « règles de conduite suivantes et dont je vous prie « de ne jamais vous écarter. Je vous le demande au « nom de votre intérêt, au nom de votre bonheur. « Vous savez s'ils me sont chers et si je voudrais « vous tromper.

V

Savoir épargner.

« La première règle de conduite, celle de tous « les temps, est de proportionner votre dépense à « votre revenu, de manière à avoir toujours au « moins un sixième en réserve, afin de pouvoir faire « face à des dépenses imprévues qui surviennent « toujours.

« Sans cette précaution, vous serez obligés de « prendre sur vos fonds, toutes les fois que vous « aurez à faire une dépense ou une réparation « extraordinaires. Votre capital sera diminué d'au- « tant et pourra bientôt se réduire à rien.

« Combien de fois, dans la famille même, n'est-il « pas arrivé que, faute d'avoir un fonds en réserve,

« on n'a pu réparer la brèche d'un bâtiment, « et qu'ensuite il a fallu vendre une terre pour le « refaire à neuf! Ainsi, je vous en prie, ne mangez « jamais jusqu'au dernier sol de vos revenus; au- « trement, vous finirez par manger le dernier sol « de votre capital. Je vous le prédis, je vous l'an- « nonce solennellement, et souvenez-vous que les « prédictions des pères s'accomplissent toujours. « Rappelez-vous les malheurs qu'un de nos devan- « ciers prédit à un de ses fils : « *Et vous, mon* « *fils*, lui dit-il dans ses derniers conseils à ses « enfants, *si vous faites bien, vous ne vous ma-* « *rierez pas, et, si vous vous mariez, vous serez* « *malheureux.* » Il se maria, il mourut sur la « paille, lui et ses enfants!!!

« Quelque modiques que soient vos revenus, il « vous sera toujours possible de dépenser moins. « L'économie diminue les dépenses, et le travail « augmente les revenus.

« Une méthode sûre, pour se bien conduire à cet « égard, est de faire son budget au commencement « de chaque année, c'est-à-dire de dresser l'état « de ses revenus présumés et celui de ses dé- « penses prévues.

« Écrivez exactement toutes vos dépenses et tou-
« tes vos recettes.

« Si je suis assez heureux pour laisser de l'ordre
« dans la famille, c'est uniquement à ce moyen que
« j'en serai redevable.

VI

Ne jamais emprunter.

« N'empruntez jamais, absolument jamais, ja- « mais. Il vaut mieux être sans chemises, que « d'avoir des dettes.

« On ne s'est jamais ruiné que pour avoir em- « prunté [1]; on ne s'est presque jamais tué de dé- « sespoir que parce qu'on ne pouvait pas payer « ses dettes.

« Je vous le répète, n'empruntez jamais, absolu- « ment jamais : tous les moyens de conserver sa

1. « *Une maison qui emprunte est perdue.* » Livre de raison de M. de Mongé, propriétaire à Puymichel (Basses-Alpes) 1687, contenant ses instructions à ses enfants.

« fortune sont renfermés dans ce conseil, dans cet « ordre absolu que votre père vous donne. Il vau- « drait mieux vendre un morceau de terre que faire « un emprunt ; mais le plus sûr est d'attendre que « vos revenus ou vos épargnes vous permettent « d'effectuer la dépense que vous jugez nécessaire.

« Mais si, par malheur (ce qu'à Dieu ne plaise !) « vous étiez dans la dure et absolue nécessité d'avoir « besoin d'une somme que vous n'auriez pas, em- « pruntez-la par un contrat et à long terme. Que « ce ne soit jamais par billet, par obligation et en- « core moins par lettre de change.

« Quiconque emprunte devient esclave de celui « qui lui prête.

« Donc, n'empruntez jamais, et, si vous êtes « forcés de le faire, empruntez par contrat.

VII

Ne prêter que par contrat.

« Ne prêtez jamais de l'argent à personne, c'est « le moyen de vous éviter de grands chagrins et « de grandes pertes.

« Vous ne prêterez jamais, sans en avoir du re- « gret. Vous perdrez toujours, mais toujours, l'ami- « tié de celui que vous aurez cru obliger, ou vous « perdrez votre argent ; et il y a cent à parier contre « un que vous perdrez l'un et l'autre [1].

1. Ces conseils de ne pas prêter, venus d'un homme si plein de cœur, s'expliquent précisément par les excès d'une générosité dont l'expérience ne lui avait montré que trop les suites. Ils ont besoin d'être complétés par d'autres passages, où il regrette d'avoir été trop facile dans l'administration des biens de famille, dont il ne se regardait que comme l'administrateur et l'usufruitier.

« Ainsi, je vous le redis et je vous le répéterai jus-« qu'à la mort, ne prêtez pas. Si je vous persuade de « suivre cette règle de conduite, je vous aurai rendu « un très-grand service à vous et à vos enfants.

« Et toi, mon fils, mon bon ami, qui as le cœur si « sensible, garde-toi de cette facilité des bons cœurs, « qui les porte à s'abandonner et à se dépouiller « sans réflexion. Pense que le mouvement de la gé-« nérosité la plus louable en elle-même peut causer « ta ruine et le malheur de ta vie. Ton ami t'aura « plutôt pardonné de lui refuser, qu'il ne te pardon-« nera dans la suite de lui demander le rembourse-« ment. Et, quand même tu ne le lui demanderais « pas, ta présence seule serait pour lui un reproche « et lui deviendrait odieuse.

« Qu'a-t-on vu dans la révolution? des redevables « faire pendre ceux qui leur avaient prêté!

« Mes enfants, je vous le dirai jusqu'à la satiété : « n'empruntez jamais, et ne prêtez jamais. Ne servez « pas non plus de caution à personne, à personne [1].

1. « Dans aucun cas, ne vous obligez et ne soyez caution pour personne, ni verbalement, ni autrement. J'ai vu les résultats d'imprudences de ce genre, je les ai éprouvés;

« Si vous avez des placements à faire, faites-les « par contrat, et d'après l'avis du notaire honnête « et probe en qui vous aurez mis votre confiance.

on n'en retire que des regrets, des chagrins, des embarras, et l'obligation de payer pour le cautionné. Ne vous y exposez jamais, je vous en conjure...

« Il y a des cas où l'on doit rendre service. Un camarade fera une longue maladie ; il sera dans d'autres accidents qui n'auront point été les suites de la mauvaise conduite, de la dissipation ou du jeu. Prévenez-le; mais soyez en état de faire un sacrifice, sans espoir du retour de la somme que vous prêtez. » — Instructions d'Ange-Nicolas de Gardane à ses enfants, Marseille, 1764.

S.

VIII

Ne jamais plaider.

« Ne plaidez jamais. Votre bisaïeul eut trente-trois « procès, il les gagna tous, et il y perdit soixante-« mille francs. Ce sont les exemples domestiques « qui font le plus d'impression ; ne plaidez donc « jamais[1].

« Les procès ruinent les familles les plus riches ;

1. Antoine de Courtois eut un jour un procès à soutenir, et voici ce qu'il écrivait à son sujet à une de ses filles :

« Notre moulin a perdu son procès contre le pré de M. de St-J. Je dis : le moulin contre le pré, car il faut toujours distinguer les choses des personnes et les personnes des choses. Aussi, ce matin, recevant de M. de St-J. une lettre qui me demande un service pour un de ses amis, me suis-je empressé de le lui rendre.

» Je te dis cela, ma chère fille, pour que tu saches que, même en étant forcé de plaider, je ne fais point d'ennemis à mes enfants. »

« celui qui gagne reste en chemise, celui qui perd « reste nu. Ne plaidez donc jamais, jamais.

« Ne plaidez jamais, surtout entre vous ; car je « détournerais ma bénédiction de dessus la tête de « celui d'entre vous qui intenterait un procès à ses « frères ou sœurs.

« Quand vous m'aurez rendu les tristes et tou- « chants devoirs de la sépulture, j'exige que vous « preniez connaissance des conseils que je vous « donne ici, et que vous juriez en mon nom de ne « jamais vous déchirer par des procès.

« Ah ! mes pauvres enfants, n'est-ce pas votre « propre sang que vous feriez couler ? N'est-ce pas « votre propre bien que vous feriez manger dans « cette lutte scandaleuse ?

« Si vous n'êtes pas contents de vos parts, faites « à ma mémoire le sacrifice de vos sentiments. « Je prierai le bon Dieu pour vous.

« Prenez au moins des arbitres de notre famille et « parmi nos parents. Signez, signez sans les lire les « arrangements qu'ils auront conclus, et que mon

« tombeau soit pour vous l'autel de la concorde et « de la paix. Dieu bénit les familles pacifiques, et « vous verrez que vos biens prospèreront et que le « plus pauvre deviendra peut-être le plus riche.

« Cette prière s'adresse aussi à mes gendres que « j'associe dans ma pensée à l'amour que je porte « à mes chères filles, à mon sang.

« Oui, mes enfants, croyez-en les conseils désin-« téressés d'un père, qui donnerait sa vie pour as-« surer votre bonheur et pour augmenter votre « fortune.

« S'il ne faut pas plaider entre vous, il ne faut pas « non plus plaider avec des étrangers. Vous devez « vous faire une règle constante de remettre toutes « vos discussions à la décision d'arbitres. Les arbi-« tres sont des juges de notre choix, et leurs déci-« sions indépendantes des formes concilient tous « les désirs et toutes les considérations de la justice. « Un jugement nous ruine, un arbitrage ne coûte « rien ; il ne nous garde pas seulement notre repos, « il nous conserve l'amitié même de notre partie « adverse.

« Je n'ai jamais vu quelqu'un soutenir un procès, « sans en avoir du regret et sans maudire son sort. « Au nom de Dieu et de vos enfants, ne plaidez « jamais, absolument jamais.

IX

Vivre en paix avec le prochain.

« Soyez circonspects dans votre conduite et dans « vos propos, ne dites jamais du mal de personne. « Le mal qu'on dit d'autrui ne produit que du mal « pour soi-même.

« Connaissez bien les gens, étudiez longtemps « leur caractère et leurs principes, avant de vous « lier avec eux. Ne faites vos amis que ceux qui « ont de la moralité dans leur conduite et de l'or- « dre dans leurs affaires ; car vous deviendrez sem- « blables à ceux avec qui vous vivrez. Si vous « vivez avec des libertins, vos mœurs et votre « santé seront perdues ; si vous vivez avec des pro- « digues, votre fortune sera bientôt mangée ; si

« vous vivez avec des gens sages, vous serez sages « comme eux.

« Parlez peu de vous-même, peu de vos affaires, « pour ne pas exciter ou le mépris ou l'envie. Ne « dites pas le secret de votre intérieur à personne, « pas même à vos amis, sans une grande nécessité.

« La règle la plus sage à suivre est de vivre avec « nos amis, comme s'ils pouvaient devenir nos en- « nemis, et de vivre avec nos ennemis, comme s'ils « devaient devenir nos amis.

« Ce principe paraît d'abord étrange et tenir de la « dissimulation ; et cependant, il est conforme à « l'expérience de tous les temps et de tous les pays. « Regardez autour de vous ; combien d'anciens amis « brouillés et d'ennemis réconciliés ! Quelque dou- « ces que soient les liaisons du cœur, ne vous lais- « sez pas égarer par de vaines théories de sentiment « que dément chaque jour l'expérience.

« Quels que soient les torts vrais ou supposés de « vos ennemis, souvenez-vous que la vie est longue, « que le moment n'est peut-être pas loin où ils vont « devenir vos amis, et ménagez-les dans cette at-

« tente. Ménagez-les même pour votre propre inté-
« rêt ; car la vengeance n'attire que la vengeance. Si
« vous supposez qu'ils ne vous aiment pas, ils vous
« aimeront bien moins, quand vous leur aurez té-
« moigné du mépris ou du ressentiment.

« Je suppose ici que vous pourrez avoir des enne-
« mis ; mais que Dieu vous en préserve! Que Dieu
« écarte de vous ce fléau de la vie! Ah! si je con-
« naissais des ennemis de mes enfants, je me jette-
« rais à leurs pieds, et, sans m'informer s'ils ont
« des torts ou non, je m'humilierais jusqu'à ce qu'ils
« eussent pardonné.

« Ah! non, il ne faut vous brouiller avec per-
« sonne. Pour se venger d'une première injure, on
« s'en attire mille autres, et on s'engage dans un la-
« byrinthe de chagrins. D'ailleurs, Dieu vous par-
« donnera comme vous aurez pardonné. Les hom-
« mes mêmes haïssent les vindicatifs, et ils vous
« estimeront à proportion de ce que vous serez
« bons et pardonnants. Ne gardez point de ressen-
« timent des injures qu'on vous fera. Au lieu de ré-
« pondre de même, allez, comme je l'ai toujours fait
« moi-même, allez franchement à celui qui vous a
« manqué, ayez avec lui une explication pleine de

« loyauté et de confiance, et vous trouverez un « ami dans celui qui fût devenu pour vous un en- « nemi dangereux.

« Remarquez qu'avec ces principes personne ne « pourrait vouloir être votre ennemi, que parce qu'il « ne vous connaîtrait pas, en vous supposant des « intentions que vous n'avez pas. Il vous suffira « donc de vous expliquer franchement avec ceux « qui auraient des préventions contre vous.

« Ah! mes chers enfants, quel grand service je « vous aurais rendu, si la voix qui, lorsque vous « lirez ceci, sortira de ma tombe, vous fait vivre en « paix avec votre prochain !

X

Se bien comporter avec ses supérieurs et ses serviteurs.

« Si vous avez du mérite et des avantages au-des-
« sus des autres, il vous faudra beaucoup de pru-
« dence et de ménagements pour ne pas exciter
« leur envie ; mais c'est dans la pratique de ces mé-
« nagements que consiste l'art de se bien conduire.

« Polis envers tous, obligeants envers les infé-
« rieurs, respectueux à l'égard des supérieurs, voilà
« quel a été toujours le caractère des Courtois ;
« voilà la définition de votre nom et le moyen de
« le conserver cher et recommandable, comme
« nous vous l'avons transmis.

« Je désire que vous conserviez ce caractère doux
« et obligeant même envers vos domestiques, ces

« premières victimes de notre mauvaise humeur et « souvent de nos injustices. On juge ordinairement « de ce que nous sommes par la manière dont nous « nous conduisons envers un domestique, et l'on a « raison. C'est d'après cela que vous serez jugés « vous-mêmes. L'on a vu pour ce seul motif man- « quer d'excellents partis. Quel est l'homme en « effet qui voudrait épouser une femme hargneuse « avec ses domestiques? Et quelle demoiselle pru- « dente voudrait confier son bonheur à un homme « brutal avec ses serviteurs?

« D'ailleurs, il est si doux d'être aimé, dans l'inté- « rieur de sa maison et dans tous ses alentours, qu'il « n'est rien qu'on ne doive faire pour obtenir cette « satisfaction.

« Et puis, considérez encore l'attachement que « vous devez avoir pour des personnes qui emploient « leurs forces à faire valoir vos biens [1], à vous ser- « vir quand vous êtes en santé, ou à vous soigner « lorsque vous êtes malades [2]. La justice exige de

1. Ceci s'applique aux fermiers et métayers.

2. Notons à ce sujet un trait qui caractérise à la fois les vieilles mœurs domestiques et la manière dont Antoine de Courtois pratiquait ce qu'il enseignait à ses enfants. — Il

« vous cette affection. Soyez donc indulgents pour « supporter leurs défauts, pensez que vous-mêmes « vous n'êtes pas parfaits et qu'il leur faut plus « de patience qu'à vous.

donna pour marraine à une de ses filles une ancienne domestique de sa famille. Cette domestique était née dans la maison, et elle y est morte après y avoir vécu soixante-dix ans.

XI

Devoir de prendre un état.

« Il est nécessaire de prendre un état pour con-
« server et augmenter sa fortune, pour jouir de la
« considération attachée à une profession utile,
« pour se ménager les moyens d'élever et de placer
« ses enfants, et pour avoir la satisfaction de tirer
« un parti utile de soi-même et de ses talents.

« Rien ne rend l'homme plus content et la vie plus
« douce que d'être l'artisan de sa fortune. Ce plai-
« sir, que l'âge n'affaiblit point, est le seul dont nous
« puissions jouir jusqu'à la mort, et je le regarde
« comme une des plus sûres garanties du bonheur.

« Enfin, il faut prendre un état, pour éviter l'oisi-
« veté qui est le tombeau des vertus, la mère de

« l'ennui et des vices. Si vous n'avez une profession, « vous ne serez jamais que des hommes nuls, en- « nuyés et ennuyeux. Tel fut le sort d'un de nos « parents, et c'est pour cela qu'il périt misérable- « ment. Ainsi, je vous l'ordonne, au nom de l'auto- « rité que la nature et surtout mon amour me don- « nent sur vous, prenez un état. A cette condition « j'attache l'accomplissement des vœux que je fais « pour votre bonheur et les fruits de la bénédiction « paternelle [1].

« Le choix de l'état que vous prendrez est une

1. « Bien employer le temps, c'est savoir vivre ; être désœuvré, c'est végéter. Le premier est de l'homme, le second est de l'animal.

« Levez-vous matin, c'est d'ailleurs salutaire pour la santé. Raisonnez sur votre état, voyez ce que vous lui devez et ce que vous pouvez faire de mieux. Distribuez vos heures, exécutez et ne renvoyez rien à demain de ce que vous pouvez faire aujourd'hui.

« Le désœuvrement conduit à la dissipation et ne saurait ni faire honneur, ni faire estimer. Être honoré et estimé est cependant ce à quoi nous devons aspirer : c'est la vraie voie pour parvenir heureusement à notre but, celui d'une honnête ambition.

« Il ne suffit pas de ne point faire mal et du mal, il faut faire bien, mieux et du bien.

« La bonne ambition est permise, et voici en quoi elle consiste.

« Distinguez-vous dans votre état par la vigilance et l'exactitude à vos devoirs. Prenez pour modèles ceux dont

« des choses les plus importantes de votre vie ; et, « si je désirais vivre encore, mon cher fils, mon « bon ami, ce serait pour te donner mes conseils, « d'après la position où tu seras au moment où il « faudra que tu te décides.

« Si je ne suis plus de ce monde, pense à moi et « pénètre-toi de ce que je vais te dire.

« Il faut considérer d'abord s'il t'est plus avanta- « geux d'embrasser une profession libérale, ou d'en- « trer dans la carrière des places et des emplois. « Consulte tes parents, rapporte-t'en entièrement à « eux : ils connaîtront beaucoup mieux que toi ce « qui te convient le mieux. Tu as le bonheur d'être « aimé d'eux ; tu trouveras dans leurs bontés, dans « leurs lumières et leurs conseils, plus de secours « que tu n'en eusses trouvé dans moi-même. Tu « auras perdu le père de tes jeunes années ; mais tu « en retrouveras un dans la famille de chacun de « tes parents. Cette idée est bien consolante pour « moi.

on fera le plus de cas dans le corps où vous serez. Comportez-vous avec dignité, sans adulation ni flatterie, envers vos supérieurs. Continuez cette pratique, dans quelque grade que vous montiez, et vous réussirez... » — Instructions d'Ange-Nicolas de Gardane à ses enfants, déjà citées,

« Ce n'est pas ton goût seul qu'il faut consulter « dans le choix d'un état. Souvent nos goûts nous « égarent, et toujours ils changent avec le temps. Je « l'ai malheureusement éprouvé moi-même. Je crus « avoir la vocation de la médecine, je me fis méde- « cin ; mais, quand il fallut exercer, je ressentis une « répugnance si grande que je dus y renoncer. « Ainsi, je perdis mon argent, mon temps, mes pei- « nes, et je n'ai pu vous servir comme je l'aurais « voulu ..; car l'exploitation des champs ne suffit « pas pour occuper, ni pour donner ce sentiment « de satisfaction que procure le plaisir de se rendre « utile...

« Le commerce offre bien des hasards ! Le service « militaire est bien dangereux ! La médecine est un « état bien pénible !...

« L'étude des lois, la profession de juge ou d'avo- « cat ont été en quelque manière l'apanage de notre « famille. C'est le meilleur parti que tu puisses « prendre... On peut, en obligeant les riches, y ren- « dre service aux pauvres, et, en éloignant de son « cœur tout sentiment d'envie et de rivalité, y vivre « très-heureux. Mais malheur à toi, si étant avocat « tu te livrais à des personnalités contre tes con-

« frères! Ton existence n'aurait plus de repos. Dans « les procès, il ne faut jamais voir que les affaires, « jamais les personnes ; il faut être inébranlable « dans sa conviction au-dedans de soi-même, et « avoir le miel sur les lèvres, se faire pardonner ses « succès, et à force de bons procédés se faire aimer « d'un adversaire vaincu.

« Le premier moyen pour être heureux dans cette « carrière est de ne se charger que des causes que « l'on sait positivement bonnes; le second est de « les défendre, sans blesser l'amour-propre de son « adversaire.

« Mon bon fils, s'il est dans ta destinée de prendre « une profession, je te conseille de suivre celle d'a- « vocat. L'expérience paraît avoir prouvé que, dans « notre famille, nous avons tous une aptitude natu- « relle pour cet état que nos pères ont exercé pen- « dant deux cents ans. Il a ses dangers, mais en est « il un seul qui n'en ait? Ils sont moins grands que « ceux que l'on trouve ailleurs, et l'on peut avec de « la prudence et de la sagesse les tous éviter.

« Celui de notaire dans une ville me paraîtrait le « plus sûr. Il est honorable, on n'y donne rien au

« hasard, on n'y charge point sa conscience, on n'y « travaille point son imagination, on ne s'y fait point « d'ennemis; on y vit indépendant et en paix. C'est « un bel état pour un honnête homme; mais il t'éloi- « gnerait peut-être pour toujours du pays et de la « terre de tes ancêtres [1]...

« Remarque que la connaissance des lois est né- « cessaire, ou au moins très-utile, dans toutes les « parties, et c'est une raison qui me fait désirer que « tu fasses toujours un cours de droit.

« Quant aux places dans l'administration ou dans « les finances, c'est à tes bons parents à t'indiquer « celles dans lesquelles ils auront le plus d'espoir « de te faire parvenir; et c'est à toi de mériter leurs « bontés, de prendre leurs conseils et de leur obéir « en toutes choses. Je ne saurais trop te le répéter, « mon bon fils, fais-toi aimer de tes parents. Je leur « donne mon cœur, je leur cède tous les droits que « j'avais à ton amour. Puisses-tu devenir leur fils « d'adoption!

1. Les anciennes magistratures étaient toutes ou presque toutes incorporées au sol. Antoine de Courtois voudrait que son fils gardât la tradition, en conciliant l'exercice d'une profession avec les devoirs envers le domaine de famille.

« Ah! qu'il est consolant pour ton père de penser « qu'il te laissera entouré de soutiens et d'appuis! « Tu trouveras dans ta mère une tendresse inépui- « sable, une prudence rare et le modèle de toutes « les vertus, chez tes oncles et tes cousins tous les « secours dont tu sauras te rendre digne. Cette es- « pérance sera ma dernière pensée et la dernière « joie de ma vie.

« Mon bon fils, si tu es sage, tu auras un état et « tu seras heureux.

« Mon père disait souvent : « *J'aimerais mieux* « *que mes enfants fussent cordonniers que d'être* « *sans état.* »

XII

Le mariage.

« Je désire que tous mes enfants se marient ; c'est « l'état naturel de l'homme. Je pense que, hors le « mariage, il n'y a point de véritable bonheur et « peut-être point de salut.

« Ainsi, mon cher fils, et vous, mes bonnes et « chères filles, je vous recommande de vous marier « au gré de vos parents, lorsque vous serez arrivés « à l'âge convenable pour contracter un engagement « d'une telle importance. Mais avec quelle circons- « pection, n'aurez-vous pas à choisir la personne à « laquelle vous confierez votre honneur, votre bon- « heur, la fortune et la santé de vos enfants ?

« Comment reconnaître cette personne qui aura

« toujours vos goûts et vos opinions, dont la sym-
« pathie devra, pendant toute la vie, vous réunir
« dans la même pensée et dans la même volonté?
« Comment se défendre des faiblesses du cœur,
« dans un choix où il faut cependant le consulter?
« Comment allier les raisonnements et la prévoyance
« de la sagesse avec les illusions de nos propres af-
« fections?

« *C'est là le comble de la sagesse humaine. Ce-*
« *lui qui a fait le meilleur choix possible a donné*
« *la plus haute preuve de prudence, et s'est as-*
« *suré la plus grande garantie de la véritable*
« *félicité. Il aura un jour la reconnaissance de*
« *ses enfants et sera béni par toute sa postérité.*

« Le seul moyen de ne pas vous tromper est de
« ne pas choisir vous-mêmes, de juger de sang-froid
« toutes les personnes qui vous seront proposées, de
« n'engager vos affections qu'à celle que vos parents
« en auront jugée digne, et après que vous l'aurez
« vous-mêmes observée et étudiée longtemps avec
« un esprit tranquille. Telle est la seule conduite à
« tenir, pour n'être pas séduit par la première im-
« pression, ni aveuglé par la prévention.

« Dieu ne bénit que les mariages faits au gré « des parents. Ceux-là seuls donnent la joie de la « conscience et sont entourés de l'estime publi« que, première annonce du bonheur qui doit les « suivre.

« Les mariages honorables sont l'alliance de deux « familles honnêtes et d'égale fortune, qui n'en fe« ront plus qu'une. Celui d'entre vous qui l'oublie« rait, pour ne satisfaire que son goût particulier ou « sa passion, n'y trouvera qu'amertume, honte et « malheur.

« Aussi, la première règle, le premier devoir que « je vous impose à cet égard, mes chers enfants, « mes bons amis, est de ne vous attacher absolu« ment à personne de votre propre mouvement, de « vous méfier de votre cœur comme d'un ennemi « secret que vous portez en vous-même (en avons« nous de plus dangereux que notre propre fai« blesse ?), et d'attendre dans une grande liberté « d'esprit et de cœur que vos parents vous propo« sent les personnes avec qui ils croiront que vous « pouvez être heureux. La seconde règle, le second « devoir que je vous recommande et vous impose « également, est d'examiner et de juger mûrement,

« sans prévention ni pour ni contre, les partis qui « vous seront offerts.

« Jugez-les, comme si, déjà parvenus au-delà du « milieu de votre carrière, vous vouliez les choisir « comme compagnes à vos enfants. Cette manière « d'exiger pour soi-même ce qu'on souhaiterait pour « ses enfants est un moyen infaillible de n'être ja- « mais trompé.

« Dans toutes les circonstances de la vie, voulez- « vous prendre le meilleur parti? Demandez-vous à « vous-mêmes ce que vous conseilleriez à vos fils, à « vos filles, en pareille occasion, et faites-le hardi- « ment. Si vous pouviez balancer entre le vice et la « vertu, entre le désir de la vengeance et le pardon « de l'injure, entre la crainte de Dieu et le mépris « de ses jugements, supposez votre enfant à votre « place, et faites ce que vous lui conseilleriez.

« Etrange condition de l'homme déchu! Ce n'est « que pour aimer et conseiller ses enfants qu'il re- « trouve la sagesse!

« Je dis donc, mes enfants, mes bons amis, qu'en « faisant votre choix, il faut raisonner comme si

« vous étiez pères de famille. Il faut que la naissance, mais surtout l'éducation, soient égales des « deux côtés, que les âges soient proportionnés, « que les fortunes soient à peu près les mêmes. Il « faut que les goûts soient bien connus, que l'amour « du travail, de l'ordre, de l'économie, et l'habitude « des bonnes mœurs depuis longtemps contractée et « bien établie, vous assurent et garantissent l'avenir.

« Heureux, trois fois heureux serez-vous, si vous « trouvez ces qualités réunies dans une personne qui « en aura hérité de ses pères ! On n'est sûr que des « vertus *qui tiennent au sang ;* celles-là seules « ne se démentent jamais. Les familles parmi les « hommes sont comme les familles parmi les plan« tes : les unes produisent la vertu, comme les « roses la suavité de leurs parfums ; les autres pro« duisent le vice et la honte, comme les plantes « vénéneuses répandent une odeur fétide.

« C'est pourquoi il faut vous attacher à une bonne « race.

XIII

Conseils à mes filles pour le mariage.

« Je vous conseille, mes chères filles, de ne vous « marier qu'après vingt ans. Avant cet âge, votre « jugement ne serait pas assez formé ; vous ne seriez « pas assez sûres de vous-mêmes, pour ne pas « craindre de changer plus tard d'opinion et de goût.

« Votre mari et vos nouveaux parents, qui vous « auraient prises si jeunes, vous regarderaient tou- « jours comme des enfants, et pourraient ne pas « avoir pour vous ces sentiments de confiance et de « respect qui font la gloire et le bonheur de la mère « de famille. Vous seriez exposées vous-mêmes à « commettre, par défaut de réflexion et d'expé- « rience, des fautes ou des légèretés qui éloigne- « raient pour toujours la considération, que vous

« devez chercher à obtenir dans votre nouvelle fa-
« mille et dans le public.

« Il ne suffit pas d'être aimée, il faut être consi-
« dérée. La considération qu'on nous porte est la
« sauvegarde de nos propres vertus et une des
« sources du véritable bonheur. Votre bonne mère,
« la plus chère des épouses et la plus digne de
« toutes les mères, a trouvé dans l'estime publique
« la récompense honorable de ses vertus et votre
« premier titre de recommandation.

« Ainsi, mes chères filles, ne vous mariez pas
« trop jeunes, et cherchez à inspirer le respect et
« la confiance, au moins autant que de l'amour.

« Tout sentiment qui n'est fondé que sur les sens
« ne peut être de longue durée ; c'est comme un
« édifice bâti sur le sable.

« L'amour, quand il est seul, est jaloux, injuste,
« inquiet, capricieux ; une fois satisfait, il se change
« en dégoût. L'épouse qui n'inspira que de l'amour
« se voit bientôt délaissée, pendant que celle qui
« a su se faire estimer conserve toujours le même
« empire.

« Regardez autour de vous, et jugez si j'exagère.
« C'est ici que j'aurais besoin de dérouler sous vos
« yeux le tableau sans fin des souffrances des femmes
« trompées dans leurs espérances. C'est ici que mon
« cœur saigne à la pensée des dangers que vous
« avez à craindre, et que, tremblant de vous voir
« malheureuses, je ne sais plus si je dois remer-
« cier le ciel de vous avoir donné la vie...

« Étrange aveuglement des hommes ! Ils travail-
« lent sans cesse à détruire la vertu des femmes,
« et ils n'estiment que celles qu'ils ne peuvent pas
« vaincre !

« Mes bonnes filles, je vous en supplie au nom du
« sang pur qui coule dans vos veines, au nom de
« votre propre bonheur : que la pudeur et la religion
« soient vos sauvegardes ! Vous n'aurez de salut
« qu'auprès de votre mère, et en fuyant toutes les
« occasions de danger... Que ne suis-je toujours
« près de vous, pour vous conseiller et vous dé-
« fendre ! Un père est le seul homme qu'une jeune
« fille n'ait point à craindre. Mais, au moins, que
« mon souvenir vous garde, et que mes dernières
« recommandations soient toujours présentes à
« votre mémoire.

« *L'honneur est comme une île escarpée et sans bords ;*
« *On n'y peut plus rentrer dès qu'on en est dehors*[1]. »

« Souvenez-vous que vous êtes maîtresses de ne « pas faire le premier pas, mais que, celui-là fait, « vous iriez nécessairement au fond de l'abîme.

« Dans cette ferme persuasion, fuyez toutes les « occasions dangereuses ; gardez-vous de toute liai- « son, de tout tête-à-tête, de toute correspondance. « Conservez votre corps pur et sans tache, et votre « cœur libre. Ne vous arrêtez pas aux compliments « des gens du monde. Ceux qui les font n'ont qu'une « seule pensée, ils veulent montrer leur esprit, c'est « de leur part acte de vanité ; lorsqu'ils rendent des « soins à une femme et qu'ils lui font la cour, c'est « trop souvent pour la séduire, pour la déshonorer « et s'en vanter après.

« Le langage que je tiens ici est dur et sévère ; « mais il est la vérité même, et cette vérité votre « père doit vous la dire. Que dis-je ? votre père ! « N'est-ce pas le bon Dieu qui vous parle par ma « bouche ?

1. Boileau, sat. X.

« Ne vous liez qu'avec des amies d'une conduite « irréprochable et pures comme vous l'êtes. N'ayez « avec elles que des conversations honnêtes ; celle « qui s'occupe des fautes des autres n'est pas loin « de les imiter.

« Sortez peu, rappelez-vous le dicton si connu : « *Fille peu vue, fille recherchée.* »

« Ne lisez aucun livre en cachette, et surtout au- « cun roman dangereux. Evitez, autant que possi- « ble, les bals et les spectacles : ce sont des occa- « sions de chute ; ils ne servent d'ailleurs qu'à faire « naître des passions, ou qu'à exalter l'imagination « qui est la source de toutes nos erreurs et fait le « tourment de la vie.

« Toujours auprès de votre bonne mère et de vos « respectables parents, travaillez sans cesse, faites « de bonnes œuvres, attendez dans une grande « quiétude de cœur et d'esprit qu'on vous présente « celui qui doit vous donner son nom et l'auguste « dignité de mère de famille. Examinez-le avec le « calme de la sagesse, jugez-le dans ses qualités « vraies et solides. Il devra avoir des mœurs, « l'amour du travail et de l'ordre, un état qui con-

« vienne à votre fortune et à la sienne ; et alors,
« vous pourrez sans crainte l'accepter pour époux.

« Soyez sûres que vous serez toujours aimées et « respectées de celui qui vous aura reçues dans vo- « tre pureté chrétienne. Si, toujours fidèles à vos « serments, vous conservez la douceur du carac- « tère, une humeur égale et aimable, vous pas- « serez en paix des jours d'innocence et de bon- « heur.

XIV

Conseils à mon fils pour le mariage.

« Et toi, mon bon fils, mon cher enfant, je te « conseille de ne te marier qu'après vingt-cinq ans. « Je te prie à genoux de ne pas choisir toi-même « la femme que tu dois épouser.

« La première fois que tu liras ces derniers té« moignages de ma tendresse, j'exige que tu fasses, « en pensant à ton père et à ce que tu dois à sa « mémoire, le serment solennel de ne jamais te « mésallier.

« *Pense aussi que tu n'es que le dépositaire de « notre nom et de nos biens, que tu dois les « transmettre avec honneur à tes enfants* : c'est la « condition pour qu'ils t'honorent et te bénissent.

« Pour faire un mariage digne de toi, il faut te « concerter avec ta bonne mère et tes bons parents. « Mais surtout il faut les consulter, avant d'avoir « engagé ton cœur ou ta promesse, pour pouvoir « sans peine t'en rapporter uniquement à leurs « avis et non à ta propre inclination.

« Si tes sœurs doivent se méfier des hommes qui « trompent, tu dois te prémunir contre les femmes « qui séduisent. Tu seras peut-être d'un physique « agréable, tu seras aimable et bon, tu auras de la « fortune, et tu seras exposé à bien des périls. Prends « garde de te laisser captiver par des femmes indi- « gnes de ton cœur, et qui le sont plus encore de « porter ton nom et de devenir la mère de tes en- « fants. Tu seras dans le monde comme Ulysse au « milieu des sirènes; malheur à toi si tu n'as pas « sa prudence. Rien n'est plus difficile à un jeune « homme que d'éviter les séductions de l'amour et « le libertinage, et cependant rien n'est plus né- « cessaire pour la paix de sa vie, pour sa santé et « pour tout son avenir.

« Si tu succombes, tu mangeras ton bien, et tu « mourras jeune, sans avoir connu ni goûté les « meilleures satisfactions dont on peut jouir sur la

« terre. Si tu résistes, tu vivras longtemps, et, « dans la société d'une chaste épouse, tu goûteras, « avec toutes les douceurs du véritable amour, le « charme de l'innocence et les joies de la paternité.

« C'est à toi à choisir entre ces deux sorts ; il n'y « a pas de milieu. Le bonheur de la vie ne peut s'a- « cheter que par le sacrifice des faux plaisirs d'une « folle jeunesse [1]. Si tu ne veux pas m'en croire, « vois, consulte, examine et juge toi-même par les « exemples et la triste expérience des autres. De- « mande-toi ensuite si je n'ai pas raison.

1. « On vous dira, mes chers enfants, que lutter contre soi-même n'est pas gai, et que c'est se vouer à mener une bien triste vie.

« Ainsi nous parlent nos passions, et les apparences sont en leur faveur. La coupe qu'elles nous présentent est douce, le breuvage dans les premiers moments est délicieux et enivrant. Mais bientôt à ces sensations agréables succèdent amertume, regret, malaise, inquiétude, tristesse, tandis que le partage de ceux qui prennent pour guides la raison et la vertu est l'inverse de tout cela. On peut ressentir d'abord à se vaincre des répugnances et des dégoûts ; mais, si l'on a la force de triompher de ces premiers obstacles, le contentement et la paix sont le prix de la victoire remportée sur soi-même, et deviennent l'état habituel de notre âme.

« En un mot, mes chers enfants, le bonheur est préférable aux plaisirs ; c'est une vérité, non-seulement de foi, mais d'expérience ; et le bonheur n'est que dans la vertu. » — Instructions de Pierre-Joseph de Colonia à ses enfants, déjà citées.

« Je ne puis trop te le répéter ; si tu te conserves « dans la pureté de tes mœurs jusqu'à ton mariage, « tu es sûr d'être le plus heureux des époux ; si, au « contraire, tu n'apportes à ta femme qu'un cœur « usé et les résultats de funestes désordres, ton exis- « tence ne sera qu'une suite de regrets, et tu seras « d'autant plus à plaindre que tu auras à te repro- « cher d'avoir méprisé les sages avis qui sortent « pour toi de la tombe de ton père.

« Il faut donc, mon bon ami, penser à cet avenir. « Il faut aussi que celle dont ta famille et toi auront « fait choix pour ton épouse ait été élevée dans la « modestie, dans l'esprit d'ordre et de travail, qu'elle « soit vertueuse, enfin que sa fortune remplace à « peu près les dots de tes sœurs [1].

« Si tu parviens à cela, tu auras rempli le plus

1. La recommandation d'Antoine de Courtois à son fils traduit une coutume autrefois observée dans les familles de toute classe, et une multitude de testaments nous montrent en elle un des moyens par lesquels les domaines patrimoniaux se conservaient.

La dot de la femme de l'héritier, payée en argent, était incorporée à l'avoir domestique ; elle s'ajoutait à l'épargne commune pour l'établissement des frères et sœurs de ce dernier. Voir *Les Familles*, etc., liv. III, chap. IV, « Le Testament et l'Héritage. »

« ardent de mes vœux, tu auras mérité toutes mes « bénédictions et exaucé toutes mes prières. Des « enfants excellents comme toi seront ta récom- « pense et prieront un jour sur ta tombe.

« Les maisons se soutiennent et s'enrichissent de « la sorte par les bons mariages; elles se ruinent « et se déshonorent par les mauvais.

XV

Devoirs des époux.

« Tous les devoirs des époux seront sacrés pour « mes enfants; ils leur seront même chers, s'ils se « sont bien pénétrés de mes conseils.

« Ces devoirs qui embrassent tous les moments et « toutes les circonstances de la vie ne finissent pas « avec elle. Douce pensée ! Celui qui part le premier « vit encore dans le cœur de celui qui reste; leurs « âmes demeurent unies jusqu'à ce qu'elles soient « confondues dans une existence éternelle.

« Je suis assuré que mon fils ne manquera jamais « d'égards et de soins pour sa femme, et non plus « mes filles pour leurs maris. Je ne veux leur parler

« ici que de la fidélité qu'ils se doivent et des con-
« ditions du support mutuel.

« La fidélité conjugale est un devoir d'une si haute « importance qu'il n'est presque pas besoin de le « leur recommander. Mieux vaudrait pour eux « n'être pas nés que mériter l'enfer au prix de leur « propre infamie et en se déshonorant. Ce crime « est tel que le repentir ne peut presque pas l'ef- « facer, puisque le tort fait aux enfants est irrépa- « rable. Je n'en connais pas de plus grand que celui « de la femme adultère, et il me fait tant d'hor- « reur que je suis obligé d'en détourner ma pensée.

« Quant à mes fils, ils seraient bien ingrats s'ils « ne sentaient pas qu'ils ne doivent vivre que pour « celle qui ne vit que pour eux.

« Ah! mes pauvres enfants, que trouveriez-vous « dans de coupables liaisons? de faux plaisirs et de « longs remords. Croyez-moi, croyez-en votre père « qui vous aime : le bonheur n'est que dans l'union « conjugale qu'ennoblissent la pureté de la vie et la « pratique du devoir. Quoi qu'en puissent dire les « libertins, si jamais vous cessiez d'être fidèles, « vous cesseriez d'être heureux ; une épouse trahie,

« des enfants sacrifiés n'auraient plus de charmes « pour votre cœur.

« La ruine des familles et tous les malheurs do- « mestiques suivent les époux parjures.

« Je déclare ici en présence de Dieu que je n'ai « jamais manqué à la foi jurée ; et c'est à cette fidé- « lité que j'attribue les heureuses inclinations de « mes enfants, toutes les bénédictions que le ciel a « répandues sur mon mariage, et la douce joie qui « a toujours régné dans mon cœur. Ma mère, ma « grand'mère et les femmes de tous mes aïeux eu- « rent toujours une grande réputation de vertu, « et furent citées comme modèles aux épouses « chastes.

« Malheur à celle par qui le vice entrerait dans « ma famille et qui partagerait nos biens entre les « fruits de son déshonneur !

XVI

Le support mutuel.

« L'indulgence réciproque entre les époux est le « seul remède des imperfections attachées à notre « nature. Si vous vous aimez, mes chers enfants, « cette indulgence ne vous coûtera pas, vous l'aurez « sans vous en apercevoir. Mais, dût-elle être chez « vous l'effet de la réflexion, elle ne vous sera que « plus nécessaire pour vivre en paix et pour être « heureux.

« Persuadez-vous bien que nous avons tous besoin « de beaucoup nous pardonner les uns aux autres, « puisqu'aucun de nous n'est parfait. Le plus grand « mérite de l'homme en société consiste à sup- « porter les défauts d'autrui, sans s'en plaindre et « même sans les condamner. C'est là ce qui fait

11

« les bons caractères, ce qui constitue la bonne « éducation.

« Voulez-vous passer pour être bien élevés ? Sup- « portez donc avec douceur les défauts des autres. « Chez les époux, cette indulgence doit aller plus « loin ; il ne suffit pas qu'ils s'acceptent tels qu'ils « sont sans se plaindre ; il faut encore que leur ten- « dresse se montre jusque dans leurs imperfections « et leurs faiblesses.

« Voilà le secret des bons ménages, voilà tout « l'art des épouses toujours heureuses et le talent « des maris toujours aimés.

« Si j'ai vécu en paix avec tout le monde, si j'ai « été toujours tranquille dans mon intérieur, je ne « l'ai dû qu'à la règle que je me suis faite de ne pas « entrer en lutte avec les défauts ou les torts du pro- « chain. Je me disais à moi-même : c'est un arbre « qui porte son fruit, et je n'en étais ni étonné ni « mécontent. Si j'ai trouvé le bonheur dans mon « mariage, c'est parce que votre bonne mère avait « pour moi des trésors d'indulgence, et que, non « contente de supporter mes imperfections, sans

« avoir l'air de s'en apercevoir, elle semblait presque s'attacher à les excuser.

« Ma tante, Marie-Anne de Girard, fut une femme « du plus rare mérite[1]. Pendant quarante ans, elle « entretint la paix et une union admirable dans sa « maison. Parvenue à sa dernière heure, elle nous « assembla tous auprès de son lit, et, après nous « avoir fait ses adieux, elle nous dit : « *Je n'ai qu'un « conseil à vous donner. Le voici : Soyez indul- « gents les uns pour les autres, tout est là.* » Et « elle mourut en nous répétant : « *Soyez indulgents « les uns pour les autres.* »

1. Nous publions plus loin, après les conseils d'Antoine de Courtois à ses enfants, l'histoire de la vie et de la mort de Marie-Anne de Girard, par M. de Girard, son frère.

XVII

Devoirs des pères et mères.

« Les devoirs des pères et mères envers leurs « enfants sont bien grands et bien pénibles; mais « ils tiennent à un sentiment si fort, si puissant, « que tout par lui est rendu facile.

« Une mère doit nourrir elle-même ses enfants, « et je le recommande expressément à mes filles.

« Il ne faut rien négliger de tout ce qui peut con- « server et améliorer leur santé; mais il faut aussi « leur parler toujours raison, comme à des hom- « mes, il faut les accoutumer de bonne heure à la « réflexion, à faire des comparaisons et à exercer « leur jugement; il faut également de très-bonne « heure les accoutumer à l'étude et au travail.

« Il faut surtout éviter de leur donner de mauvais « exemples, non-seulement pour les choses con- « traires à l'honnêteté, mais encore pour les défauts « de caractère. Vos enfants diront et feront tout ce « qu'ils vous verront dire et faire, et même pire.

« Il faut les préparer de bonne heure à l'état au- « quel vous les destinez, et leur en donner un à « chacun. Si vous manquez à ce devoir, vous en « répondrez devant Dieu, et vos enfants accuseront « un jour votre mémoire, en vous rendant respon- « sables de leurs vices et de leur misère.

« Il faut les marier le plus convenablement pos- « sible, dès que le temps en sera arrivé.

« Enfin, il faut faire pour eux ce que j'ai fait pour « vous : leur laisser un Livre de raison, dans le- « quel vous leur rendrez compte de votre adminis- « tration, et marquerez par écrit les conseils que « vous n'aurez cessé de leur donner de votre vi- « vant.

« *Ces avis salutaires qui s'élèvent du tombeau « d'un père font une très-forte impression, et, « quoique toutes les vérités morales soient con-*

« *nues, celles qui sortent de la bouche des pa-*
« *rents sont encore les plus utiles.*

« Le lait d'une mère ne fait-il pas plus de bien au
« jeune nourrisson que le lait d'une femme étran-
« gère?

« Je dis donc que, si vous aimez vos enfants
« comme je vous aime, vous aurez comme moi une
« sollicitude toujours tremblante. Vous ne vous
« lasserez pas de leur répéter sans cesse ce cri de
« la raison et du cœur : « *Soyez sages pour être*
« *heureux !* » Tel est le beau privilége de la ten-
« dresse paternelle. Elle peut être quelquefois
« aveugle dans ses affections ; mais elle est tou-
« jours infaillible dans ses conseils.

« Je voudrais pouvoir appeler ce Livre de raison
« *la Sagesse de la famille*. Il faut qu'il se continue
« d'âge en âge, qu'il soit le dépositaire de nos succès
« et même aussi de nos erreurs, en sorte que, fai-
« sant tourner au profit de ceux qui viendront le
« bien et le mal de ceux qui existent, il lie toutes nos
« générations les unes aux autres et n'en forme
« qu'une famille toujours vivante.

XVIII

Notre généalogie.

« Mes bons amis, je crois convenable de mettre « ici l'état de ceux de nos ancêtres qui ont habité « cette ville de Sault. Je le fais au nom du sentiment « qui doit vous attacher à la mémoire de vos pères, « et pour vous engager à conserver avec honneur « un nom qu'ils vous ont transmis sans tache.

« Voici les noms des chefs de la famille :

« 1° *Jean de Courtois*, docteur en droit, originaire « de Saint-Savournin, fut pourvu par madame de « Lesdiguières [1] de l'office de lieutenant au Siége

1. Après l'extinction des d'Agoult arrivée au commencement du XVIe siècle, le Comté de Sault avait passé d'abord aux Montauban, puis aux Créqui-Lesdiguières. Les Villeroi succédèrent à ces derniers.

« des appellations du Comté de Sault en 1619. Ses « provisions portent le n° 1 dans la liasse qui les « renferme.

« Il épousa Anne d'Espierres, d'une ancienne fa- « mille de ce pays alliée aux Bernus, fille de noble « Eymard d'Espierres et de demoiselle Marguerite « de Flotte, lesquels possédaient des biens dans le « quartier des Nouveaux à Saint-Jean.

« II. *Jean-Pierre de Courtois*, son fils, reçu avo- « cat, lui succéda. En 1646, il fut pourvu de la « charge de lieutenant, et en 1649 de celle de juge « du Comté de Sault. Ses provisions sont dans la « liasse sous les n°s 2 et 3.

« Il épousa Angélique de Donadei, fille d'un lieu- « tenant principal du Comté de Sault.

« III. *Paul de Courtois*, son fils, reçu avocat, « succéda en 1699 à son père dans son office de « juge. Ses provisions sont sous le n° 4.

« Il épousa Catherine Gardien, de la commune « d'Aurel.

« IV. *Esprit de Courtois*, son fils, reçu avocat, « fut de même pourvu en 1725 de la charge de « juge. Ses provisions sont sous le n° 5.

« Il épousa Rose Guion de Sault, que sa charité « fit appeler « la mère des pauvres. »

« V. *Joseph-Ignace de Courtois*, son fils aîné, « reçu avocat, fut également juge du Comté de « Sault. Ses provisions de l'année 1752 sont sous « le n° 6.

« C'est le digne père dont nous sommes des- « cendus.

« Il avait épousé Elisabeth de Girard de Lour- « marin, sœur de M. de Girard, secrétaire du Roi, « femme d'une rare piété.

« VI. *Philippe de Courtois*, son fils aîné, reçu « avocat, lui succéda comme juge du Comté de « Sault en 1783 ; mais son office fut supprimé « en 1790. Ses provisions sont sous le n° 7.

« Il épousa Elisabeth Raymond, femme d'une « grande bonté qui se dévoua toujours pour la fa- « mille, et il mourut sans enfants en 1793.

« VII. *Antoine de Courtois*, second fils de Jo-« seph-Ignace et auteur du présent Livre de rai-« son, docteur en médecine de l'Université de « Montpellier, succéda aux biens de son père.

« Il épousa le 16 août 1798 Antoinette de Tami-« sier, de St-Savournin, femme du plus rare mérite.

« J'inscris ici vos noms, mes enfants, tels qu'ils « le sont dans les registres de l'état civil de Sault, « où vous pourrez prendre vos actes de naissance.

« 1° Marie-Rose-Adèle, née le 16 vendémiaire an « X ou 8 octobre 1801 ;

« 2° Charles-Gaspard, né le 8 germinal an XI ou « 29 mars 1803 ;

« 3° Henriette-Joséphine-Claire, née le 2 floréal « an XIII ou 22 avril 1805 ;

« 4° Balthazar-Auguste, né le 24 février 1812 et « mort un mois après.

« VIII. *Charles-Gaspard de Courtois*, fils d'An-« toine.

. . . .

« Il faudra continuer cet état généalogique et ins-
« pirer à vos enfants le désir d'y figurer avec hon-
« neur. S'il ne nous est pas donné de l'illustrer, au
« moins rendons notre nom recommandable par
« nos vertus.

« J'observe que notre domaine est marqué dans
« la carte de M. de Cassini et qu'il y est nommé
« *les Courtois*. Ce domaine pourrait un jour être
« agrandi et érigé en majorat, si jamais votre for-
« tune et vos succès répondaient aux vœux que je
« fais pour vous. Il est bon de vous encourager
« par cette pensée; c'est le moyen de vous exciter
« au travail, et de vous donner cette noble ému-
« lation qui est la source des efforts persévérants
« et des belles actions.

XIX

Notre domaine patrimonial.

« Tant que ce domaine sera dans la famille, elle « aura toujours du pain et aussi une existence ho- « norable. Je ne m'arrête pas à la pensée que mes « descendants puissent être mis dans la nécessité « de le vendre.

« Vendre les champs paternels, c'est désavouer « son nom et déshériter ses enfants. Il ne faut pas « croire qu'il soit possible de les remplacer par « d'autres, et il suffit de voir comment tous ceux « qui ont voulu échanger le patrimoine de leurs « ancêtres se sont ruinés.

« J'ai travaillé vingt ans à le mettre en produit, « je l'ai partout arrosé de mes sueurs. D'autres

« viendraient-ils cueillir les fruits des arbres que « j'ai plantés ? La mémoire de nos pères serait-elle « effacée des lieux où ils nous ont nourris?

« Ce domaine comprend les bâtiments, cour, « basse-cour, jardin, aire, et les terres qui en dé- « pendent.

« Les bâtiments se composent : 1° de la maison « de maître qui renferme au rez-de-chaussée dix « chambres grandes ou petites, au premier étage « huit autres chambres, au-dessus trois greniers « et un pigeonnier, et au-dessous trois caves ; — « 2° de la maison du fermier...

« Dans la cour est une fontaine ; dans le jardin « se trouvent plus de cent arbres fruitiers, un vivier « au milieu, et cinquante ruches à miel sur la ter- « rasse. Le troupeau est de cent cinquante à deux « cents bêtes à laine.

« J'ai fait reconstruire à neuf une grande partie « du bâtiment, et entre autres toute l'aile qui est au « levant.

« Vous vous rappelez, mes enfants, comment fut

« posée la première pierre de l'angle. Nous mîmes « en dessous une bouteille renfermant le procès- « verbal de cette cérémonie. J'ai eu en vue par elle « d'attacher tous mes successeurs au toit paternel, « et j'ai voulu les engager à conserver ce domaine « qu'ils ne pourraient remplacer par un autre aussi « cher à leur cœur et d'un aussi bon produit.

« Le procès-verbal fut signé par Charles, Adèle, « Joséphine, leur bonne mère et moi.

« J'ai refait encore la maison du fermier, fait à « neuf celle du berger, les écuries et greniers à « foin, planté le jardin, etc... La seule dépense en « bâtisses s'est élevée à 10,000 francs [1].....

« La situation de la propriété est aussi bonne que « possible, pour la santé de celui qui l'habite, pour « la vente des denrées, et pour l'éducation des bes- « tiaux, ceux-ci n'y étant jamais atteints de la pour- « riture. Entourée de secours et d'ouvriers, elle est « d'une exploitation très-facile; les récoltes y sont « sûres et presque immanquables, les biens sont « clos, les bâtiments sont tout neufs, et ils recèlent

1. Suivent des détails sur diverses améliorations et acquisitions de propriétés.

« dans leurs fondations les noms de mes enfants et « de leur mère.

« Si ce domaine est bien exploité, il rendra tou- « jours au-delà du six pour cent qu'on pourrait en « retirer. Les biens qu'on achèterait ne donneraient « pas le trois pour cent, et ils ruineraient en répa- « rations. On n'aurait plus qu'un capital amoindri « et sans revenu, et ce serait à en mourir de regret.

XX

Observations sur l'exploitation de nos biens.

« Le meilleur mode d'exploitation est celui qui « fait retirer constamment d'une propriété le plus « grand produit net.

« Le produit net est le produit brut, déduction « faite des frais d'avance et de culture.

« Il faut donc exploiter, de manière à augmenter « le produit brut et à diminuer les frais de culture.

« L'exploitation par des fermiers ou par des mé- « tayers n'augmente pas le produit brut et ne dimi- « nue pas les frais de culture; car, au lieu de plan- « ter, améliorer et conserver, le fermier arrache, « détériore et détruit.

« Le fermier fait garder les troupeaux et labourer « les champs par ses enfants, toujours trop jeunes « pour faire un bon travail. Il cultive donc mal, il « sème de mauvais grains, il moissonne à prix fait, « il nettoie mal ses blés sur l'aire, il ne sarcle pas, « il dégrade les arbres, il prodigue les fourrages, il « excède les bêtes et il ruine les bâtiments.

« Les frais de culture ne sont pas diminués, parce « que la moitié des produits donnée au métayer est « supérieure à la somme nécessaire à la nourriture « et au salaire des valets, qu'il faut pour exploiter « un domaine bien ordonné. Je l'ai calculé souvent, « et chacun peut le vérifier.

« La famille du fermier ou du métayer, toujours « composée de plusieurs bouches inutiles, doit con- « sommer davantage que des valets dont le nombre « est réduit aux besoins de la culture. Le plus sou- « vent, les enfants y volent les parents, la femme le « mari, et le mari le maître, et tous, obéissant à « l'intérêt particulier, emportent assurément plus « d'argent ou de denrées qu'il n'en faudrait pour « les gages de serviteurs. Je parle ici d'une famille « qui n'a pas d'autres ressources que celles reti- « rées de la ferme.

« Ainsi, je pense que des fermiers ou métayers « coûtent plus cher que des valets, pour exploiter « un *bon* domaine, et qu'ils en retirent moins de « produit brut que n'en retirerait le maître.

« A mes yeux, l'homme qui afferme son bien, et « surtout le domaine où il réside, ressemble à celui « qui, se confiant à son ennemi, lui remettrait la clé « de son grenier et le soin de son repos. Je juge « qu'un domaine, exploité par le propriétaire lui-« même, doit lui rendre au moins un tiers de plus « qu'il ne lui rendrait par le système du fermage, et « que sa valeur foncière doit augmenter au moins « d'un trentième par an.

« D'après ces principes que je crois confirmés par « mon expérience, je conseille à mes enfants, s'ils « le peuvent, d'exploiter toujours le domaine qu'ils « habiteront une partie de l'année. Ils y trouveront « d'autant plus de satisfaction et de profit qu'il sera « composé de bons biens, que son exploitation en « sera facile et qu'il ne sera pas d'une trop grande « étendue, selon le précepte des anciens :

« *Laudato ingentia rura,*
« *Exiguum colito.* »

« Les biens dont l'exploitation est le plus facile

« sont les prés; ils donnent le plus de produit net, « parce qu'ils exigent peu de frais de culture. Les « terres à blé en donnent le moins, par la raison « contraire, surtout quand elles sont exploitées, « comme cela est général dans notre pays, avec le « système de la jachère...

« Il faut donc faire des prés et augmenter le pro- « duit de vos terres à blé par un assolement mieux « entendu.

« Pour réaliser ces améliorations, consultez les « gens habiles et expérimentés, lisez les ouvrages « d'agriculture, et ne faites des essais qu'en petit « pour ne pas vous ruiner.

« Voici quelques-unes des réformes, dont l'expé- « rience m'a enseigné l'emploi dans l'intérêt d'une « bonne culture :

« 1° N'avoir de jachère que le moins possible, « pour que la terre soit toujours en rapport, et en « sorte qu'une récolte ne nuise jamais à une autre. « Pour cela, il faut semer tous les ans dans les blés « et dans les avoines des graines de fourrages arti- « ficiels, tels que trèfle, luzerne, sainfoin, ray-

« grass, etc..., les préserver de la dent du troupeau, « faucher et enfermer la première coupe, enterrer à « la charrue la seconde, donner en temps opportun « un second labour à la terre, et semer de très-« bonne heure;

« 2° Changer les semences de blé au moins tous « les deux ans, et celles d'avoine au moins tous les « quatre ans, en observant de faire venir d'un ter-« rain limoneux les blés que l'on veut semer dans « les terres dites *de grès*, et *vice versa;*

« 3° Chauler les semences par immersion, pour « prévenir la carie ou le charbon;

« 4° Sarcler avec soin et de très-bonne heure;

« 5° Faire battre les pailles avec des fléaux.....

« Toutes les pratiques ci-dessus sont d'une si « grande importance que je prie instamment mes « enfants de ne jamais en négliger aucune, et je leur « recommande expressément d'obliger tous leurs « fermiers à les suivre exactement. En conséquence, « chaque fois qu'ils affermeront le domaine, ils doi-« vent les insérer dans leur acte ou dans leur con-

« vention, et ajouter qu'en cas d'inobservation d'une « seule de ces clauses, le fermier sera tenu de quit- « ter le domaine sans aucune indemnité...

« Je conseille à mes enfants de ne pas négliger les « abeilles qui sont le capital le plus productif de la « campagne; car tout y est produit net. Il y a quinze « ans, on n'y comptait que trente ruches; il y a dix « ans, il y en avait cent; aujourd'hui, il n'en reste « que cinquante.

« Il faut vous appliquer à multiplier autant que pos- « sible ces utiles insectes qui, pendant les longues « journées d'été, m'ont souvent tenu compagnie. Je « ne suis pas encore tout à fait assuré de la meilleure « manière de les élever. J'ai essayé de plusieurs mé- « thodes, je n'en ai pas encore trouvé qui n'eussent « des inconvénients. Il me semble que deux ruches, « l'une sur l'autre, donnent le moyen le plus simple « pour enlever une partie du miel, sans faire périr « les abeilles qui restent toujours dans la ruche « d'en bas. Mais, s'il plaît à Dieu, vous en saurez « à cet égard plus que moi, si vous voulez lire, ob- « server, consulter et faire des essais en petit, tou- « jours en petit, pour ne pas vous exposer à des « regrets et risquer de tout perdre.

« En attendant, je vous recommande de tenir vos « ruches bien propres et bien couvertes, afin que « l'eau n'y pénètre pas, d'en écarter les papillons « et la fausse teigne. Faites périr dans votre rucher « les serpents et les rats.

« Procurez-vous la connaissance de quelque « praticien habile qui, pour le reste, vous donne « les conseils que son expérience lui aura appris « être les meilleurs...

« Voilà, mes bons amis, des observations géné- « rales que j'ai cru devoir mettre sous vos yeux, pour « vous convaincre : 1° qu'il ne faut pas affermer « le domaine que vous pourrez exploiter, surtout si « vous l'habitez une partie de l'année ; 2° que vous « devez mettre en prés naturels toutes les parties « de terre qui en seront susceptibles ; 3° que vous « devez alterner dans vos terres à blé cette cul- « ture avec celle des fourrages artificiels.

« Les autres pratiques de détail ne pouvant trou- « ver ici leur place, je passe maintenant aux obser- « vations particulières, sur chacun de nos petits « domaines. Voici un aperçu des produits, de l'en- « tretien et des améliorations dont ils me paraissent « susceptibles, sauf meilleur avis.....

XXI

Bien vivre pour se préparer à bien mourir.

« Mes pauvres enfants, mes chers amis, comment « pourrai-je vous parler de votre mort? La mienne « ne m'effraie pas, j'y pense tous les jours, et je n'y « vois rien d'insupportable que la douleur de vous « quitter, vous et votre mère ; mais la vôtre me fait « pleurer, et la plume me tombe des mains.

« Cependant la mort est l'acte le plus important « de la vie. Nous ne vivons que pour mourir, c'est-« à-dire que cette vie ne nous est donnée que « pour nous conduire à celle qui suit la mort.

« J'espère que vous n'en douterez pas. Malheur à « vous, si, séduits par vos passions ou par de vains « systèmes, vous cessiez un moment de le croire!

« Dieu a mis dans nos cœurs le sentiment intime « de son existence, qui doit toujours, mes bons amis, « l'emporter sur les faux discours des impies. Dieu « nous a faits pour l'aimer et non pour le compren- « dre ici-bas. D'ailleurs, considérez que les causes « finales toutes seules prouvent invinciblement, « avec cette existence de Dieu, celle d'une autre « vie.

« Les preuves négatives ne sont rien à côté des « preuves positives; elles ne sont que l'expression « de l'impuissance de notre raison.

« N'est-il pas vrai que Celui qui a fait l'œil a fait « la lumière, puisque l'un est fait pour l'autre et en « conformité de l'autre? Or, ces rapports ne peu- « vent avoir été établis seulement dans la création « de l'œil et de la lumière. Donc, il y a un Créateur « infiniment intelligent, et ce Créateur est Dieu, « l'Être tout-puissant et juste.

« N'est-il pas vrai qu'il y a parmi nous des bons « et des méchants? Donc, il y a une autre vie « pour punir les méchants et récompenser les « bons.

« Ah! soyez du nombre de ces derniers, mes « enfants, soyez de ce nombre. Craignez les juge- « ments de Dieu, ils sont inévitables.

« La seule préparation à une bonne mort est « une bonne vie.

XXII

Bien vivre, c'est vivre en chrétien.

« Qu'est-ce qui nous fait vivre sagement? Je vous « l'ai déjà dit : la foi, l'espérance et la charité.

« La foi nous fait croire Dieu, le paradis, l'enfer. « La révélation sur laquelle elle s'appuie est un « effet de la bonté divine et le supplément de la « raison humaine.

« L'espérance nous apprend que nos souffrances « auront un terme court et que notre vie aura une « durée éternelle. Elle sera dans vos maux votre « plus sûre, votre unique consolation.

« La charité nous fait faire aux autres comme « nous voudrions qu'il nous fût fait à nous-même,

« et nous empêche de faire au prochain ce que « nous ne voudrions pas qu'on nous fît. Est-il un « moyen plus sûr d'être heureux dans ce monde « et dans l'autre ?

« La religion chrétienne est la doctrine de Jé- « sus-Christ, entourée de l'assentiment de tout ce « qu'il y a eu d'hommes vertueux et de savants, « depuis saint Augustin jusqu'à Bossuet et à M. de « Chateaubriand. Si, dans le cours des siècles, si, « de notre temps surtout, des esprits enivrés d'une « fausse science, comme M. de Voltaire par exem- « ple,ont voulu la détruire, cela ne doit ni ébranler « notre foi ni changer nos croyances.

« Comment voudriez-vous hasarder votre salut « sur la parole d'un homme immoral, à qui vous « ne voudriez pas ressembler pour la probité et les « qualités du cœur? Pourquoi croiriez-vous à un « homme plutôt qu'à un autre? Ou comment croi- « riez-vous à celui qui ne croit rien ? Et, si vous ne « croyez rien, comment expliqueriez-vous les « causes finales et ces rapports merveilleux qui « existent, dans toute la création, entre la fin et « les moyens? Comment expliqueriez-vous la mo- « ralité de l'homme, le bonheur du méchant,

« l'oppression de la vertu, les épreuves de l'inno-
« cent et du juste?

« Non, mes enfants, je vous en conjure au nom « de mes entrailles, ne quittez pas la religion de « vos pères. Suivez-nous, nous nous retrouverons « en paradis.

« Ainsi, mes enfants, pensez souvent à la mort; « rien n'est plus salutaire. Travaillez comme si vous « ne deviez jamais mourir, et vivez comme si vous « deviez mourir demain. Peut-être le fil sera-t-il « coupé, quand la toile sera à moitié tissue.

XXIII

Le devoir du testament.

« Tenez-vous toujours prêts, et que vos affaires « soient toujours arrangées, votre conscience tou- « jours nette.

« Dès que vous aurez des biens pour en disposer, « vous devrez faire votre testament; c'est chose « très-importante et toujours pressante [1].

1. « Les deux actions principales de la vie sont le mariage et le testament; ainsi il est d'un gros poids d'y réfléchir et de n'y rien précipiter.

« Souvenez-vous que la mort peut nous arriver à tous les moments. Ainsi, accommodez vos affaires toutes prêtes, comme si vous deviez partir demain, et ayez la prudence de conserver en homme de bien ce que vous aurez, soit pour vos enfants qui doivent vous faire revivre, soit pour les plus proches de votre sang.

« Je prie mes enfants de faire leur testament et d'être en paix. » Instructions de M de Mongé à ses enfants, déjà citées.

« Il faut se hâter de faire son testament, dès qu'on « est devenu propriétaire, afin de n'avoir pas à s'en « occuper quand on est malade, et afin que notre « volonté nous survive, si par malheur nous mou- « rons subitement.

« Voyez quels désordres jette dans les familles le « défaut de cette précaution.

« Pour moi, dès que j'eus hérité des biens de mes « pères, je fis un testament pour en assurer la « transmission, conformément à ce que je croyais « juste. Depuis lors, j'en ai refait un nouveau toutes « les fois que ma position a changé [1].

1. Les trois notes suivantes ont été écrites successivement à plusieurs années d'intervalle.

« Mon dernier testament est sous forme olographe et en date du 1er mars 1813. J'en ai fait trois copies, une pour ma femme, une pour mon beau-frère, et enfin une pour être présentée au président du Tribunal.

» Ces trois copies sont dans la cassette de ma femme, et la minute est dans la liasse de mes papiers personnels, sous le n° 1.

» De Courtois.

» J'ai refait mon testament; on le trouvera dans la petite caisse; il est d'une date plus récente que celui ci-dessus.

» De Courtois.

» J'ai refait mon testament le 3 janvier 1827, sous forme olographe. Il est dans ma cassette.

» De Courtois. »

« Je désire donc que, dans toute ma famille, on « se fasse une loi de remplir un devoir si nécessaire « pour le maintien de l'ordre et de la paix, et pour « la conservation de notre patrimoine: Je recom- « mande à chacun de vous de faire son testament, « dès le moment où il sera devenu propriétaire, et « de le refaire ensuite toutes les fois que sa posi- « tion exigera qu'il y soit apporté des changements.

XXIV

Le père doit régler son héritage.

« Je voudrais plus, je voudrais que le père de fa-
« mille fît lui-même le partage de ses biens entre
« ses enfants et qu'il leur fît signer cet acte de son
« vivant.

« Y aurait-il un moyen plus sûr de maintenir l'u-
« nion entre eux, de prévenir les formalités de jus-
« tice qui appauvrissent les familles et les discordes
« qui les détruisent ?

« Oui, mes enfants, si vous adoptez cette me-
« sure de sagesse et de prudence, votre maison se
« soutiendra toujours, et partout l'on vous citera
« comme modèles et comme exemple.

« D'ailleurs, peut-il y avoir un arbitre plus sûr « qu'un père ? Et qui peut, mieux que lui, concilier « ce que demandent les besoins de chacun de ses « enfants avec ce qu'exige la nécessité de soutenir « le toit paternel, ce toit que chacun de vous doit « regarder avec respect, *et sous lequel il doit « conserver l'espoir et les moyens de trouver un « jour un asile*[1] ?

« Je dis donc :

« 1° Il est nécessaire que chacun ait toujours un « testament fait et déposé chez son notaire ; et j'en « fais un devoir exprès à tous mes enfants.

« 2° Il serait infiniment avantageux que, lorsque « le temps est venu, le père de famille réunit ses

1. Nous soulignons ces lignes comme traduisant d'une manière parfaite le régime qui a constitué et soutenu si longtemps, dans notre pays, l'esprit conservateur du foyer ; mais il n'est pas un mot, dans celles qui précèdent, où l'idée ne s'accentue et ne se grave, en quelque sorte d'elle-même, avec une force égale.

Il serait difficile de trouver une formule plus éloquente et plus précise des mœurs, auxquelles la Provence et le midi de la France durent, pendant tant de siècles, de faire du testament la pierre angulaire des familles. Nous prions ici nos lecteurs de se reporter aux textes et aux détails, exposés dans le livre où nous avons décrit l'histoire d'un grand nombre de foyers domestiques de toute condition.

« enfants, et qu'après avoir effectué de concert avec « eux le partage de sa succession, en assignant à « chacun la portion la plus convenable, il leur fit « signer en sa présence cet acte solennel qui assu- « rerait à jamais leur petite fortune, leur repos et « leur amitié réciproque [1].

« Si, à ma recommandation, cet usage s'établis- « sait dans ma famille, j'aurais bien mérité d'elle, « et tous mes descendants m'auraient de grandes « obligations.

1. « Mon père, après avoir disposé de ses biens, nous fit embrasser mon frère et moy pour l'amour de Dieu et de luy, et il s'en alla content jouir de la gloire des bienheureux dans le ciel. » — Livre de raison de J.-Joseph de Garidel.

Antoine Loysel, l'illustre auteur du *Dialogue des avocats* et des *Institutes coutumières*, avait fait de même à son lit de mort, le 4 avril 1617. — « Il relut son testament, raconte Eusèbe de Laurières ; il le signa et le fit signer à ses enfants et à ses gendres. »

XXV

Compte-rendu de mon administration.

« Mes bons amis, nous n'avons que la jouissance
« de nos biens, nous ne pouvons en consommer que
« les fruits. Nos biens sont entre nos mains, pour
« que nous travaillions sans cesse à les améliorer,
« et ensuite pour que nous les transmettions après
« nous à ceux qui nous suivront dans la carrière de
« la vie.

« Celui qui dissipe son patrimoine commet un vol
« horrible. Il trahit la confiance de ses pères et
« déshérite ses enfants. Il eût mieux valu pour lui
« et pour toute sa race qu'il ne fût pas né.

« Ce vol est d'autant plus odieux que, n'étant pas
« puni par les lois, il suppose dans celui qui s'en

« rend coupable un égoïsme honteux et la lâcheté « la plus vile. Un tel homme est marqué aux yeux « de Dieu, et pour toute la société, du sceau de « la réprobation.

« Tremblez donc de manger le bien de vos enfants « et de couvrir votre nom d'opprobre

« Je vous l'ai enseigné : le plus sûr moyen pour « éviter ce malheur est de vivre avec économie, de « ne rien entreprendre sans y avoir réfléchi long- « temps, et surtout sans avoir consulté. Je ne sau- « rais trop vous recommander cette conduite ; con- « sultez, consultez souvent avant d'agir.

« Un autre moyen, encore fort utile pour bien « conduire vos affaires, est de tenir note de votre « administration et d'en rendre compte à vos en- « fants, pour constater le droit que vous avez à leur « reconnaissance et leur laisser des exemples et « des leçons profitables.

« C'est dans cette vue, mes bons amis, que je « vais vous rendre compte ici de la manière dont « j'ai administré le bien de vos pères.

« Je n'ai pas fait aussi bien que je l'aurais désiré, « ni même aussi bien que je l'aurais dû, parce que « je n'avais point d'expérience. Le torrent de la « révolution nous entraînait tous à notre perte. .

. . . . [1]

1. On comprendra qu'il nous soit impossible de publier cette partie du manuscrit, à raison de son caractère tout à fait intime.

Antoine de Courtois y parle de ses deux frères Philippe et Auguste, puis de la constitution de son domaine et de sa gestion. Il dit « avoir voulu conserver les biens de ses pères et s'être appliqué à leur donner la plus grande valeur possible, par des acquisitions et réparations utiles » ; mais il regrette de n'avoir pas été assez ménager de son revenu. « Mon grand-père, écrit-il, fit beaucoup bâtir, mon père bâtit toute sa vie, et moi j'ai dépensé quinze mille francs à faire de même. Dieu veuille que cet argent ne vous fasse pas faute et que vous n'ayez pas sujet de le reprocher à ma mémoire! Garantissez-vous vous-mêmes de ce penchant, regardez autour de vous, et voyez combien de familles il a ruinées. »

XXVI

Recommandation particulière à mes enfants pour qu'ils aiment et respectent leur mère.

« Ma bonne Adèle, Charles, mon bon ami, et toi « ma chère Joséphine, je vous recommande à tous « trois d'honorer d'un respect tout particulier votre « bonne mère.

« Elle mérite de vous une tendresse sans borne et « une soumission absolue. Vous lui devez tout ce « que vous êtes et tout ce que vous avez. Par son « économie, elle a conservé les biens de la famille ; « par ses exemples et ses leçons, elle vous a donné « toutes les vertus que vous pouvez avoir. C'est dans « son sang que vous avez puisé vos bonnes incli- « nations, et c'est à ses soins infatigables que vous « êtes redevables de la conservation de vos jours.

« On n'a jamais vu une meilleure mère, ni une « femme plus vertueuse ; elle fit le bonheur de ma « vie et l'honneur de votre nom.

« A vous, maintenant, de la rendre heureuse ; « vous devez accomplir à son égard vos devoirs et « les miens.

« Ah ! que ne puis-je vous laisser mon âme, pour « l'aimer comme je l'aimais !

« Il faut d'abord tâcher de la consoler par vos « soins et par votre tendresse, et puis lui obéir en « tout. Malheur à vous, si vous faisiez quelque chose « contre sa volonté ou sans son ordre !

« Je lui laisse en mourant mon cœur qui vous « aima et mon autorité qui vous protégea. C'est « votre père qui vous parlera par sa bouche, et c'est « lui encore qui, vous serrant dans ses bras, revi- « vra dans son cœur pour vous aimer.

« Je lui laisse la moitié des fruits de nos biens. « Vous serez sans doute fâchés qu'une loi, fort inu- « tile pour nous, ait ainsi distingué des intérêts que

« vos affections ne sépareront jamais et ait mis « des bornes à votre abandon.

« Elle sera votre tutrice, elle exercera sur vous « une autorité que vous respecterez toute la vie, « j'en suis sûr.

« Votre mère a une prudence rare, un jugement « infaillible. C'est elle qui doit vous diriger dans le « choix d'un état, et c'est elle aussi qui doit présider « à votre mariage. Ne comptez pas que j'implore les « bénédictions du ciel sur une union que vous au- « riez faite contre son gré. Vous n'y trouveriez que « honte et malheur.

« Mais, que dis-je? Cesseriez-vous d'être mes en- « fants, après ma mort? Ne seriez-vous pas toujours « d'aimables créatures, toujours soumises, toujours « caressantes ? Sans cesse auprès de votre mère, ne « mettriez-vous pas votre bonheur à ne jamais vous « séparer d'elle, à lui dire toutes vos pensées, à lui « confier jusqu'à vos faiblesses, à trouver dans son « approbation la plus douce récompense de votre « sagesse et dans ses conseils la règle de tous vos « devoirs ?

« C'est dans vos mains que je dépose son

« bonheur, c'est à Dieu que vous en rendrez « compte[1].

« Je ne lui ai jamais donné volontairement un « moment de chagrin, et je lui demande pardon ici « de tous ceux dont j'ai pu être la cause involon- « taire, soit par défaut de réflexion, soit par la trop « grande impatience de mon caractère.

« Et vous, mes bons amis, vous me pardonnerez « aussi, si, par suite de mon humeur quelquefois « chagrine, j'ai commis à votre égard quelques pe- « tites injustices, si je vous ai fait des reproches que « vous ne méritiez pas, ou si j'ai négligé quelque « chose que j'eusse pu faire pour votre plus grand « avantage. Vous me pardonnerez, et vous implo- « rerez pour moi les miséricordes de Celui qui « nous jugera tous.

1. Rapprocher de ces pages admirables celles que beaucoup de Livres de raison et de testaments nous ont conservées, comme l'expression achevée de la beauté morale produite dans les âmes et dans les familles par la civilisation chrétienne. Des épouses, des mères formées selon le modèle offert par les Livres saints, sont investies d'une autorité sans borne au foyer, surtout pendant leur veuvage; et les enfants ajoutent plus tard leurs recommandations à celles de leur père, pour que leur mémoire soit dans l'avenir l'objet d'une reconnaissance qui ne s'efface jamais. — *Les Familles*, t. II, liv. II, chap. VIII, et liv. III, chap. V.

« Faites en sorte qu'arrivés vous-mêmes à la fin
« de votre carrière, vous n'ayez pas de pareils re-
« proches à vous adresser. Ils sont tous pénibles,
« chacun voudrait mourir innocent,

XXVII

Recommandation pour garder l'affection des parents.

« Je recommande encore à votre affection et « à vos respects tous vos parents. En cela, votre « devoir s'accorde avec vos plus grands intérêts. « Vos parents sont si bons que je voudrais pouvoir « les nommer tous, puisque vous devez avoir pour « chacun d'eux un dévouement sans borne.

« Ma sœur et mon beau-frère R..., qui n'ont point « d'enfants, ont pour vous une amitié de père ; faites « vos efforts pour vous en montrer dignes. Votre « tante et votre oncle G... vous ont toujours comblés « de bontés. Votre tante G... a sauvé la vie à Adèle, « elle éleva Joséphine et toujours elle s'occupa de « Charles. Votre grand-père maternel et vos oncles « T... doivent avoir sur vous la même autorité que

« moi-même, et je vous recommande à leur bon « cœur. Mes cousins G... m'ont secouru et protégé, « quand j'étais jeune ; ils porteront sur vous-mêmes « les sentiments qu'ils avaient pour moi, et, si vous « savez les conserver et en profiter, ils peuvent vous « rendre les plus grands services.

« Je les conjure tous ici de ne pas vous abandon- « ner, et je vous mets sous leur protection.

XXVIII

Prier pour les parents.

« Voilà, mes bons amis, les conseils que mon « expérience et ma tendresse pour vous m'ont ins- « pirés. Suivez-les avec confiance ; ils vous seront « plus utiles que vous ne pensez.

« Vivez chrétiennement, priez quelquefois pour « votre pauvre père. Faites de bonnes œuvres en « mémoire de lui, vous y trouverez de la satisfac- « tion, Dieu habitera parmi vous, et un jour il nous « réunira dans le monde où l'on ne meurt plus. »

II

ÉLOGE ET HISTOIRE

DE LA VIE ET DE LA MORT

DE MA BONNE TANTE, MARIE-ANNE DE GIRARD, SŒUR DE MA BONNE MAMAN

ET LA PLUS VERTUEUSE DES FEMMES,

MORTE A LOURMARIN, LE 23 AVRIL 1784.

« *Écrit laissé par mon oncle de Girard pour l'instruction de ses enfants, et dont j'ai conservé cette copie, dans l'espoir qu'elle sera utile aux miens, en leur inspirant le désir de ressembler à leurs ancêtres.*

« ANTOINE DE COURTOIS. »

« L'amitié fraternelle et le respect pour une éminente vertu m'engagent à retracer ici quelques circonstances de la vie d'une personne qui sût vivre et mourir.

« Je voudrais conserver dans ma famille la mémoire d'une sœur chérie, qui lui donna les preuves les plus constantes d'une tendresse éclairée, et l'exemple d'une douceur, d'une modestie, d'une sagesse inaltérables. Je voudrais graver dans le cœur de mes enfants le souvenir de ses vertus et les voir renaître en eux. C'est pour eux et pour moi que j'entreprends d'en crayonner une faible esquisse[1].

« En faisant l'éloge de ma sœur, je fais l'éloge de sa grande raison; car c'est en elle qu'elle trouva les mobiles de tous ses actes.

1. Rapprocher de cette notice le § XVI du Livre de raison d'Antoine de Courtois, et ce qui a été dit plus haut, dans notre Etude préliminaire, chap. IV, p. 84 et suiv., sur la famille de Girard.

« La nature lui avait donné une faible constitution physique. Elle voulut d'abord aller au couvent et y prendre le voile. Craignant que cet état ne lui convînt pas, mon attachement pour elle fit que je l'engageai, non sans peine, à y renoncer. Je fus bien récompensé du sentiment peu méritoire, qui me fit préférer le bonheur de ma sœur à l'augmentation de fortune que sa clôture m'aurait procurée.

« Sa détermination prise, elle examina le bien qu'elle pourrait faire dans la situation où elle allait vivre ; elle s'en imposa la tâche et s'appliqua à la remplir. Elle s'acquitta avec zèle de ses devoirs envers un père, auquel ses grandes occupations n'avaient pas permis d'abord de discerner tout son mérite, mais qui lui rendit bientôt toute la justice qui lui était due. Elle eut pour lui les soins les plus tendres jusqu'au dernier moment de sa vie. Après sa mort, elle se dévoua tout entière à mes enfants; elle était sans cesse occupée d'eux, elle veillait à leur éducation physique et morale. Sa méthode était simple : — pour le corps, une nourriture saine, de l'exercice, des jeux, et peu de remèdes; — pour l'esprit et le cœur, la vérité, la gaîté, des instructions proportionnées à leur âge et développant en eux les germes de la raison et de la sensibilité.

« Quoiqu'elle fût d'un tempérament fort vif, sa modération, son indulgence, sa patience ne se démentirent jamais; aussi mes enfants se plaisaient-ils beaucoup avec elle. Elle les amusait par de petits contes ingénieux, dans lesquels elle plaçait des moralités relatives à leur conduite et dont ils faisaient eux-mêmes l'application. Elle avait pour ce genre une facilité et une fécondité peu communes. C'est elle qui leur apprit à lire, et elle le fit avec une patience que n'aurait eue aucun maître; elle leur inspirait le goût de la lecture et le désir d'apprendre ce qu'on voulait leur enseigner.

« L'intérêt personnel et l'amour-propre, ces mobiles ordinaires des actions humaines, n'entrèrent jamais pour rien dans sa conduite. Que l'homme le plus honnête s'examine sous ce rapport : il se trouvera souvent prévoyant et calculant la considération ou la reconnaissance que peut produire une bonne action. Ma sœur faisait le bien pour le bien et ne calculait jamais.

« Il y a des âmes qui font le bien par instinct et pour ainsi dire d'une manière passive. L'âme de ma sœur était d'une autre trempe.

« Dans son enfance, elle avait été espiègle et lutine; elle eût été méchante peut-être, si la raison chez elle n'eût agi de bonne heure. Elle commença donc à faire le bien par amour du devoir et de la règle, plutôt que par tempérament. La force et la justesse de ses réflexions lui firent sentir la nécessité de l'ordre et de la charité en toutes choses; elle y plia son esprit et son cœur, et, après avoir fait le bien par devoir, elle le fit par inclination.

« Elle détruisit en elle tous les germes du vice. Rien ne résista à la fermeté de ses résolutions.

« Il est des penchants que l'on se pardonne et que l'on pardonne aux autres, parce qu'ils ne paraissent pas nuisibles à la société : je veux parler de la paresse. Ma sœur ne se la permit jamais; elle brisa ce penchant à force de le combattre. Quand il lui survenait une affaire, elle la faisait sur-le-champ, et elle employait moins de temps à la finir que d'autres n'en auraient mis à délibérer ou à s'en inquiéter, avant de l'entreprendre.

« Maîtresse de son esprit et de son cœur, elle en avait banni le ressentiment, la défiance, les craintes pusillanimes et toutes les chimères de l'imagination. Elle n'avait aucune des terreurs qui tourmentent les esprits inquiets et sombres. Elle ne soupçonnait jamais le mal, et elle se trompait moins souvent que ceux qui le soupçonnent toujours. Ah ! combien l'opinion que nous avons des autres influe sur notre conduite ! On se permet d'être méchant envers quelqu'un qu'on juge tel au tribunal de l'amour-propre ou de la haine, et souvent celui dont les vices nous servent d'excuse s'autorise des nôtres, pour justifier les siens. Je reviens au caractère de ma sœur.

« Beaucoup de personnes, avec moins de sensibilité qu'elle, se troublent au moindre accident et augmentent leur peine et celle des autres, au lieu d'y remédier. Mais elle, dont l'objet était toujours le bien, dirigeait vers ce but tous les mouvements de son cœur, toutes les facultés de son esprit.

« Était-elle auprès d'un malade chéri ? Elle ne s'occupait point de la crainte de le perdre, elle ne pensait qu'aux moyens de le conserver et de lui procurer du soulagement. Quand elle ne pouvait soulager, elle enseignait du moins à souffrir, et c'était par son exemple bien plus que par des exhortations. Elle supportait avec patience et résignation les maux auxquels elle était sujette ; elle passait quelquefois des nuits entières avec une migraine violente et avec un mal d'estomac douloureux, sans éveiller une femme de chambre qui était auprès d'elle.

« Elle avait beaucoup de support pour les domestiques et leur parlait toujours avec douceur. Elle disait qu'il fallait bien les connaître et ne rien exiger d'eux au-delà de leur portée. Si l'on se fâchait, quand un étourdi faisait une étourderie, ou lorsqu'un domestique lent mettait beaucoup de temps à son ouvrage, elle trouvait cela aussi injuste et aussi peu conséquent qu'il le serait de gronder un boiteux de ce qu'il boite.

« Elle était économe pour elle, et elle avait pour les autres la générosité d'une personne sensée qui veut que rien ne manque, mais qui ne prodigue rien. L'objet et le motif de son économie étaient le bon emploi de ce qu'elle économisait. Elle aurait pu dire comme Madame de Maintenon : « *Je suis un peu avare ; mais les pauvres s'en trouvent bien.* » Elle dépensait à peine la moitié de son revenu : tout le reste était employé en aumônes et en petits cadeaux pour ses neveux. Elle faisait beaucoup d'aumônes qu'on n'a sues qu'après sa mort. Toutes les voix se sont alors réunies pour célébrer sa charité. A la mort du méchant, tout s'élève contre lui; chacun révèle ses iniquités. Pour ma sœur, ce fut un concert de louanges, un hommage public et solennel rendu à son grand cœur.

« Personne ne connut mieux qu'elle le néant des choses humaines et ne méprisa davantage les vanités du luxe, les puérilités de l'ambition. Ce qui n'avait que de l'éclat n'excita jamais chez elle le moindre prestige ; elle ne faisait aucun cas du faste. Si tous les hommes pensaient comme elle, beaucoup de soi-disant héros exciteraient plus de pitié que d'admiration, et ceux qui voudraient être admirés seraient forcés d'être bons et justes.

« Ma sœur faisait peu de cas de l'esprit, quoiqu'elle en eût beaucoup. Elle avait surtout une pénétration singulière, et, sans aucune étude des mathématiques, elle résolvait des problèmes embarrassants. Mais elle ne faisait volontiers usage de sa sagacité que pour excuser les fautes des autres ; elle était ingénieuse à trouver des motifs pour leur pardonner, et elle ne manquait jamais de prendre la défense des absents dont on médisait.

« Bien différente des personnes qui, remplies de passions et de faiblesses, se font un malin plaisir de censurer les moindres fautes, elle n'avait ni passions ni faiblesses, et elle pardonnait celles d'autrui. Telle était l'inclination de ma sœur ; elle louait les bonnes qualités et taisait les mauvaises.

« Sa santé délicate semblait devoir la rappeler sans cesse à la préoccupation d'elle-même et au soin de sa conservation ; mais elle s'en occupait peu, elle savait supporter le mal et ne craignait point la mort. Hélas ! la faiblesse de sa constitution abrégea sa carrière. A l'âge de cinquante ans, ses incommodités augmentèrent tout à coup, ses forces diminuèrent, elle connut son état et n'en fut point alarmée.

« Elle avait laissé voir pendant sa vie la pureté de son cœur, la candeur et les vertus les plus douces. Elle déploya alors la sublimité de son âme, elle s'éleva sans effort à une hauteur dont il est peu d'exemples. On vit cette fille modeste fixer la mort sans la craindre, la regarder d'un air ferme et riant. Cependant, elle venait d'élever et elle allait quitter une famille qu'elle aimait tendrement et dont elle était adorée.

« Elle aurait voulu prolonger sa vie pour la consacrer encore aux plus tendres soins et à l'instruction de ses neveux ; mais aussi elle voulait mourir pour se réunir à Dieu. Dans cet état, elle s'abandonna à la Providence, disant que la mort lui semblait meilleure, que sa confiance en Dieu et l'assurance d'une meilleure vie la lui faisaient préférer.

« Elle remerciait Dieu des dispositions où elle était.

« *J'ai toujours demandé à Dieu*, disait-elle, *la grâce de le bien aimer ; il me l'a enfin accordée. Je l'aime autant qu'il est en moi, je le regarde comme mon Créateur et mon Père, et je rentré dans son sein avec une entière confiance. J'éprouve, malgré mes souffrances, un avant-goût du bonheur qu'il me destine.* »

« Elle était la vérité, la candeur même ; elle avouait que, pendant sa vie, elle n'avait pas eu pour Dieu tout l'amour dont elle aurait voulu être pénétrée. Il est digne d'observation qu'elle porta ce sentiment à un degré éminent à l'époque de sa maladie. C'est dans le sein des maux qu'elle adora encore davantage l'Auteur de tout bien ; c'est dans les bras de la mort qu'elle redoubla d'amour pour l'Auteur de la vie.

« Quand elle vit que son état ne lui permettait plus de veiller au soin des pauvres, à celui de la maison et de ses neveux, elle se détacha de la terre et ne porta plus ses regards que vers le ciel. Elle y vit Dieu qui lui offrait une existence nouvelle ; et avec quel élan son âme ne s'éleva-t-elle pas vers lui ? Personne ne poussa plus loin cette sainte confiance en Dieu, qui est le plus bel hommage qu'on puisse lui rendre. Dans le cours de sa maladie et dans le travail d'une longue agonie, elle n'eut jamais la moindre idée des terreurs qui assiégent beaucoup d'hommes au lit de mort.

« Elle était tourmentée d'une insomnie cruelle,

d'un sommeil fatigant, d'une suffocation étouffante. Quand j'admirais sa patience à souffrir tant de maux, elle me répondait qu'il était possible d'en souffrir davantage et qu'elle rendait grâce à Dieu de lui avoir donné la force de les supporter, ajoutant qu'elle ne changerait pas son état pour un autre.

« Quand elle épanchait son âme dans les sages conseils qu'elle nous donnait, cette effusion suspendait ses douleurs. Elle se trouvait toujours mieux après ces entretiens. Aussi disait-elle souvent : « *Profitons des moments que nous avons à rester ensemble.* »

« *Lorsque vous songerez à moi*, disait-elle, *souvenez-vous des conseils que je vous ai donnés. Faites en mémoire de moi ce que vous pourrez pour vous rendre heureux. La vie est un présent du ciel : il faut en user avec reconnaissance. C'est le plus grand des bienfaits pour ceux qui en font un bon usage, et un don funeste pour qui ne sait pas en jouir.* »

« Elle entretenait souvent mon fils aîné des grands principes, de la nécessité de l'ordre et des règles du devoir. Se voyant à la veille d'être séparée pour toujours de ses neveux qu'elle avait tant aimés, sa prévoyante tendresse aurait voulu les prémunir contre tous les dangers de l'inexpérience et du vice, les couvrir de l'égide de la vertu. Elle écrivit à celui qui était en pension une lettre dictée par la sagesse même et par la plus tendre amitié.

« Un jour, elle fit venir les deux plus jeunes et leur dit les choses les plus touchantes pour les exciter à la vertu.

« *Quand vous serez tentés de faire quelque chose qui ne serait pas bien*, leur disait-elle, *songez à votre tata bonne*[1]*; dites-vous à vous-mêmes : Elle nous défendait cela, et c'était pour notre bien; elle désirait de nous voir heureux, et on ne l'est pas lorsqu'on n'est pas sage.* »

« Elle leur parla de leurs devoirs envers Dieu et envers les hommes.

« *Demandez à Dieu qu'il vous fasse la grâce de le bien aimer. Songez que vous lui devez la grâce de l'existence et qu'il faut être juste et bienfaisant pour être agréable à ses yeux.*

1. Il y a cinquante ans encore, en Provence, une tante s'appelait « tata, » dans le langage affectueux de la familiarité.

« Ne faites jamais de mal à autrui, pas même aux animaux. Dans votre conduite et vos rapports avec vos semblables, demandez-vous à vous-mêmes si vous voudriez qu'on vous fît cela.

« Soyez charitables, et, quand vous ne pourrez pas donner autre chose, donnez de bons conseils ; mais, pour être en état d'en donner, il faut être instruit et avoir une bonne conduite ; car on a mauvaise grâce de conseiller les autres, lorsqu'on ne sait pas se conduire soi-même.

« Sachez jouir de ce que vous avez. Faites-vous une habitude de ne pas désirer mille choses inutiles au bonheur et dont la privation rend malheureux.

« Soyez patients, indulgents ; pardonnez, si vous voulez qu'on vous pardonne.

« Ayez de l'ordre et de l'exactitude. Lorsque vous aurez quelque chose à faire, ne renvoyez jamais. Quand on renvoie, les affaires s'accumulent, on les fait avec précipitation et l'on a plus de peine.

« Lorsque vous aurez quelques mauvaises pensées, détournez-en tout de suite votre esprit ; occupez-vous d'un autre objet qui fasse diversion. Si vous suivez ce conseil, il vous épargnera beaucoup de repentirs.

« *S'il vous arrive malgré votre bonne volonté de faire quelque chose de mal, ne vous découragez pas ; mais tenez-vous sur vos gardes, et redoublez d'ardeur pour bien faire.* »

« Durant cet entretien, l'un des enfants était immobile, sa tête baissée, le cœur pénétré ; l'autre sanglotait et fondait en larmes. Leur mère pleurait aussi, et moi je disais, en pleurant avec eux : « *Ma sœur, vous êtes un ange.* »

« Je pris mes enfants par la main, je les fis mettre à genoux aux pieds de leur tante, et ils lui dirent :

« *Chère tata, adorable tata, nous prions Dieu de bien graver dans nos cœurs les sages leçons que vous venez de nous donner. Nous ferons notre possible pour ne les oublier jamais, nous nous souviendrons toujours de notre bonne tata, de toutes les bontés qu'elle a eues pour nous jusqu'au dernier moment de sa vie.* »

« Alors, elle leur donna sa main à baiser, les fit relever, et tout cela sans verser une larme.

« Jusque-là, elle avait eu un air calme et serein, mêlé d'un peu de gravité. Elle prit dans ce moment un air riant, et leur dit : « *Mes enfants, je suis bien malade; mais il est possible que je n'en meure pas. Si j'en relevais, cela vous ferait grand plaisir, n'est-ce pas ? Le soir que je dînerais au salon serait une petite fête.* »

« Dans le cours de sa maladie, et surtout à la fin, elle cherchait toujours à s'égayer; elle voulait que les femmes qui la servaient fussent de bonne humeur, et, pour les tenir contentes, elle donnait des espérances qu'elle n'avait pas.

« Deux jours avant sa mort, on la promenait au jardin dans une espèce de chaise à porteur. Elle admirait la beauté des arbres en fleurs et disait d'un air doux et riant : « *Je jouis de mon reste.* »

« Elle montra de la gaîté, jusque dans les moments de l'agonie où la nature fatiguée suspendait le combat de la vie et de la mort.

« Elle remplit avec une grande foi les derniers devoirs de la religion. Quand elle vit sa fin approcher, elle me chargea d'écrire à notre sœur et de l'exhorter à ne pas s'affliger, disant qu'elle nous permettait quelques larmes douces, mais non une grande douleur, que nous devions penser à son bonheur et n'y mettre aucun doute, que cette pensée devait nous consoler. Elle ajouta qu'elle aurait écrit à sa sœur une lettre de consolation, mais que, de la part d'une mourante, cela aurait un air d'ostentation qu'elle ne voulait pas se donner.

Elle ordonna que ses funérailles se fissent comme celles des personnes de son état, ni plus ni moins, et l'on voyait bien qu'elle le voulait ainsi pour éviter toute affectation de modestie ou toute apparence d'éclat.

Elle prévint tout ce qui aurait pu causer de l'embarras après sa mort, et donna ses ordres avec la même tranquillité, la même présence d'esprit, qu'elle aurait fait les préparatifs d'un voyage.

Sa fermeté, sa sérénité, sa confiance en Dieu dans ce moment suprême auraient converti l'athée le plus obstiné, et elles seront éternellement dignes de l'admiration du chrétien.

LES MODÈLES

LIVRE DEUXIÈME

UNE GRANDE FAMILLE

LIVRE DEUXIÈME

UNE GRANDE FAMILLE

ÉTUDE PRÉLIMINAIRE

La famille d'Aguesseau.

D'Aguesseau rapproché d'Antoine de Courtois! Celui que ses contemporains appelaient le grand Chancelier mis à côté du modeste descendant d'une famille de juges de la petite vallée de Sault! Qu'on ne s'étonne pas de trouver réunis dans ce volume des personnages en apparence si différents. Tous les deux représentent pour nous ces Autorités sociales, qui sont à travers les temps, et dans des situations très-diverses, les fidèles images d'un ordre fondamental qui ne change pas. Tous les deux, avec beaucoup d'autres, appartiennent à cette hiérarchie nécessaire, qui a toujours relié entre eux les hommes ayant en partage la vraie noblesse. C'est cette hiérarchie qui forme, à chaque degré de l'échelle des conditions, la classe supérieure, et, en elle, est le trait caractéristique des bonnes races. S'il n'y avait des principes fixes, établis par Dieu au-dessus du raisonnement, des passions, des intérêts, on ne s'expliquerait pas comment, chez tous les peuples, la tradition a produit des familles ayant les mêmes mœurs, la même sagesse pratique, la même distinction, entre lesquelles les barrières en fait s'abaissent, familles offrant d'une manière presque identique le type de l'harmonie des idées, des sentiments et des rapports, et signalées par l'opinion comme des modèles.

Or, c'est là ce que nous voudrions rendre sensible, en plaçant en regard de l'intérieur domestique d'Antoine de Courtois celui où s'était faite, un siècle auparavant, l'éducation du chancelier d'Aguesseau.

Quelle distance entre les hommes! Et cependant, on va en juger, quelle ressemblance! Mais le rang et l'ordre chronologique dans lesquels ils devraient être présentés semblent intervertis, et ceci a besoin d'être expliqué.

Nous avons pris pour point de départ de nos observations le régime rural, une famille rurale, parce que là sont les solides assises de toute société. Dans cette France bouleversée de fond en comble, telle qu'elle venait de sortir de la Terreur, un petit coin de terre s'est offert à nous, conservant encore les vieilles mœurs. Pour connaître ces mœurs, il faut pénétrer dans la vie intime des familles, s'adresser aux rares foyers qui ont pu et su garder les coutumes autrefois établies à peu près partout. Quelques contrées ont le privilége de posséder ces familles et ces foyers. Nous avons donc franchi l'enceinte des montagnes dans lesquelles est enfermée la vallée de Sault, exploré son histoire, vu à l'œuvre ses races de propriétaires fonciers. Nous y avons entendu la tradition parlant par la bouche d'un père qui enseignait à ses enfants la voie droite à suivre. Et nous avons dit à nos lecteurs : — Voulez-vous savoir ce qui, dans notre passé provincial, doit être l'objet impérissable de notre admiration, ce que nous avons non-seulement à honorer, mais à imiter et à restaurer, en raisonnant moins sur la métaphysique politique et sociale, et en travaillant davantage à nous rendre compte de la vérité des faits? Nous l'avons sous les yeux ; le voilà.

Voilà les fondations sans lesquelles il n'y a pas de société viable. C'est avec cet esprit et dans ces conditions que se sont créées, organisées, gouvernées, disciplinées, policées, nos communes et nos villes du moyen-âge. C'est par ces mœurs que tous les peuples, ayant la notion de l'ordre naturel du gouvernement domestique, ont constitué l'ordre plus étendu du gouvernement de la cité et de l'État, et c'est faute de ces premiers éléments de stabilité et de progrès, que nous dissertons sur des problèmes insolubles, avec l'impuissance de nous réformer.

Et maintenant, sortant de cet ordre rural où nous avons assisté à la naissance des forces productrices du bien, montons plus haut et suivons-les dans une sphère plus élevée. S'il est intéressant de savoir ce qu'étaient les familles dirigeantes de nos localités et de nos provinces, il ne l'est pas moins de rechercher aussi les modèles dans les familles associées à l'exercice même de la souveraineté. Ces grandes familles historiques sont en Angleterre l'objet d'un orgueil national, elles justifient toujours l'opinion qui les regarde et les respecte comme l'expression la plus haute du patriotisme britannique. Elles se trouvent tellement incorporées au pays et mêlées à sa vie, elles se recrutent dans l'élite des nouvelles familles avec une si parfaite intelligence des lois du classement social, que nul n'admet la possibilité de voir renverser avec elles la plus sûre garantie des destinées de la race anglo-saxonne. Ecartons ici le point de vue politique qui nous entraînerait hors de nos études, et admirons simplement combien nos voisins sont demeurés fidèles aux conditions de tout progrès, en faisant des autorités paternelles, reconnues souveraines dans le gouvernement domestique, les gardiennes de la tradition, pour les plus petits foyers comme pour les plus grands [1]. Chez eux, « même aux dernières assises de la société, la chute d'une vieille famille soulève d'unanimes regrets, tandis que son élévation à l'assise supérieure est considérée par chacun comme une gloire

1. « Il existe dans la Constitution britannique un pouvoir qui est à la fois plus sage et plus stable que les trois principales autorités de son organisme politique; qui, aux bonnes époques, développe la prospérité en déférant l'action gouvernementale aux vertus de la royauté, aux talents de la noblesse et au mécanisme du Parlement; qui, aux époques de défaillance de ces trois institutions, intervient plus directement pour conjurer l'effet des catastrophes intérieures ou des empiétements de l'étranger ; qui enfin a fait grandir la nation anglaise plus régulièrement qu'aucun peuple connu, depuis la fondation de l'heptarchie, jusqu'à l'époque de gloire et de prospérité qui a suivi immédiatement la paix de 1815. Ce pouvoir prépondérant dans la Constitution sociale de l'Angleterre est la famille anglo-saxonne. » Le Play, *La Constitution de l'Angleterre*, considérée dans ses rapports avec la loi de Dieu et les coutumes de la paix sociale, 2 vol. in-12, Mame, Tours, 1875, t. I, p. 99.

locale et un heureux présage[1]. » Chacun, en effet, a la notion des devoirs qu'impose la supériorité créée par l'union du talent, de la naissance et de la richesse. Une famille qui se consacre à faire le bien dans sa localité ou dans son Comté, est sûre d'y rencontrer l'affection et le respect; mais quel est le conservateur de cet élément si précieux de félicité domestique et publique? sinon le père. « Quiconque, écrivait naguère un judicieux observateur, sait inspirer à sa famille l'esprit de devoir, lui donne une force suprême qui l'élèvera incessamment, tant que cette tradition puissante et féconde y sera conservée. Il a fondé une race[2]. » Voilà bien l'esprit qui vivifie toute la Constitution de l'Angleterre. Notre pays ne l'avait-il pas lui aussi au même degré, avant l'invasion du désordre moral, suivi du renversement révolutionnaire du foyer, qui a été le point de départ de sa désorganisation actuelle? Quand on étudie l'histoire de la famille française, n'est-on pas émerveillé des trésors de travail et de vertu employés par une, deux et plusieurs générations à fonder une race? Nous n'en citerons pas d'autre exemple que celui auquel nous

1. Ibid., p. 302.
2. G. Le Hardy, *Etudes sur le principe aristocratique*, Caen, 1872, p. 72.

avons hâte d'arriver, parce qu'il résume en lui tout ce qu'il y a de plus grand, de plus noble, de plus pur, de plus glorieux pour notre pays. Les Mémoires des Lefèvre d'Ormesson, publiés dans ces derniers temps[1], nous les ont révélés comme des modèles de la tradition; mais est-il rien qui soit comparable aux d'Aguesseau?

« Mon père pouvait dire de lui ce qu'il nous a mis en état de dire de nous-mêmes : « *Nous sommes les enfants des saints.* »

« Il était fils d'un père et d'une mère dont il avait reçu la sainteté comme par une espèce de succession... »

Ainsi commence l'histoire de la famille, au moment où elle entre en scène dans la vie publique. Le Chancelier reporte d'abord tout le mérite des bénédictions temporelles, dont il a plu à Dieu de la combler, à son aïeul, Antoine d'Aguesseau, qui fut successivement maître des requêtes, président du Grand Conseil, conseiller d'État, in-

1. Journal d'Olivier Lefèvre d'Ormesson, et extraits des Mémoires d'André Lefèvre d'Ormesson, publiés par M. Chéruel dans la collection des *Documents inédits de l'Histoire de France*, 2 vol. in-4.

tendant de Picardie, et premier président à Bordeaux [1]. Après Antoine, vient Henri d'Aguesseau, né en 1636, homme éminent en tout point. Il prit une part importante à l'œuvre administrative du XVIIe siècle, dans les intendances de Limoges, de Bordeaux et de Toulouse, dans la direction générale du commerce et des manufactures, au Conseil d'État, au Conseil royal des finances et au Conseil de régence. Son amour des lettres et sa grande science le mirent en rapport avec les personnages les plus considérables de son temps. Il fut à la veille d'être appelé à remplacer le chancelier Boucherat, mais sa modestie fit si bien qu'il put se dérober à un tel honneur. Enfin, Henri-François d'Aguesseau, son fils, atteint au faîte ; il devient en 1717 Chancelier de France, et une des œuvres principales de sa vie va être de raconter à ses enfants les mérites, les vertus et la sainteté de ce père modèle, dans le portrait duquel il semblera vouloir fixer à jamais la tradition de l'ancienne famille française, au moment où elle se détruit à Versailles et à Paris.

Nous ne nous proposons pas de refaire une nou-

1. Avant Antoine, l'histoire fait mention, en 1498, d'un Jacques d'Aguesseau, gentilhomme de la reine Anne de Bretagne, femme de Charles VIII.

velle fois à son sujet l'éloge qui, depuis un siècle, se reproduit sous les mêmes formes oratoires dans les solennités judiciaires. Les détails de sa vie sont trop connus, pour qu'il soit besoin de les indiquer. — « La voie du juste, disait-il sans doute en pensant à son père, n'est d'abord qu'une trace imperceptible de lumière, qui croît par degrés jusqu'à ce qu'elle devienne *le jour parfait.* » En prononçant ces paroles, il ne se doutait pas qu'il prophétisait l'avenir réservé à sa mémoire. La trace de lumière laissée par Antoine et Henri d'Aguesseau s'est fixée sur la figure de leur descendant et historien, et c'est elle que nous désirerions suivre, dans un aperçu rapide. Peu de spectacles sont mieux faits pour traduire à nos yeux la portée sociale du quatrième commandement de Dieu [1], que celui de cette sereine physionomie, traversant nos révolutions sans rien perdre du respect dont elle fut entourée il y a cent ans, s'idéalisant chaque jour davantage et finissant par passer à l'état légendaire.

D'Aguesseau avait eu, pendant le cours d'une longue existence, une de ces situations hors de

1. « Honorez votre père et votre mère, afin de vivre longtemps sur la terre. »

pair, comme il y en a eu peu de tout temps, même pour les hommes les plus éminents. Pendant près de trente-quatre ans, il avait été Chancelier de France ; il avait tenu avec les sceaux le gouvernement d'un grand corps encore très-puissant, bien qu'il fût déjà sur son déclin. Avocat général au Parlement de Paris à vingt-deux ans, procureur général à trente-deux, ses triomphes oratoires avaient fait époque au palais. Jurisconsulte érudit et historien, il avait touché à tout, il avait même tout approfondi, droit naturel, droit des gens, droit public, droit romain, droit coutumier, etc.. Législateur, il avait attaché son nom à des lois importantes. Philosophe et moraliste, il s'était élevé par la méditation jusqu'aux sommets de la métaphysique, interrogeant la raison et le cœur de l'homme, la conscience du genre humain, l'antiquité, remontant jusqu'aux grandes sources pour démontrer qu'en Dieu et dans sa loi sont le principe et la sanction de toutes les lois. Versé même dans les sciences mathématiques, il n'avait pas moins étonné ses contemporains par sa facilité à s'approprier les langues comme instruments d'étude, et non pas uniquement beaucoup de langues européennes, mais encore les langues orientales, l'hébreu et l'arabe. Quant à son amour des lettres, développé dès sa jeunesse dans la société de Racine et de Boileau, il avait été si vif qu'il s'était accusé plus tard à son fils de s'y être livré « comme à une espèce de débauche. » Et, au-dessus de tout cela, une grande foi; une religion non exempte sans doute de l'empreinte des idées du temps, mais lumineuse, servie par une vive éloquence, dans laquelle l'érudition s'unissait aux ressources du style le plus persuasif pour raffermir autour de lui les âmes dans la foi aux vérités fondamentales du christianisme; enfin un sens des choses divines qui, se retrempant chaque jour dans la lecture des Livres saints, lui dictait ses belles *Réflexions sur Jésus-Christ*.

Il était impossible que, même dans cette société du XVIIIe siècle, si légère, si frivole, et qui faisait passer l'esprit avant les premiers principes, le lustre d'une telle vie ne saisît pas l'opinion publique. L'Académie française, où sa modestie l'avait empêché d'entrer, lui accorda les mêmes honneurs qu'au vainqueur de Fontenoy, à Maurice de Saxe, et mit au concours son éloge. Lorsque la collection de ses œuvres fut publiée, le Roi voulut que tous les présidents de Parlements en reçussent un exemplaire.

« Que tous, disait-on, fassent leur étude la plus

chère de ses exemples, qu'ils lisent l'histoire de sa vie, et qu'ils apprennent à bien vivre. »

Malgré l'éloge de Thomas, on se demande néanmoins si d'Aguesseau fut alors l'objet des sentiments qu'il nous inspire aujourd'hui après un siècle. Des témoins nous racontent quelle étrange impression il produisait dans un monde si différent de celui qu'il représentait, au milieu de ces hommes « ivres de nouveautés, courant par la volupté après la fortune. » Plus tard, le flot du matérialisme ne cessant de monter, on l'avait oublié dans l'hôtel de la place Vendôme, dont il avait fait une sorte de sanctuaire domestique, dans lequel il s'entourait de ses fils, de ses filles et d'une nombreuse postérité. Enfin, quand, âgé de quatre-vingt-un ans, il rendit les sceaux au Roi en 1750 [1], il était devenu presque un étranger, pour une société qui était prête à tout accepter, hormis de se remettre à l'école des anciens sages. La génération sensuelle et révolutionnaire, dont Voltaire et Rousseau furent les héros, n'était pas de celles qui pouvaient apprécier une si droite conscience. D'Aguesseau avait pour maxime « qu'il fallait com-

1. Il mourut peu après le 9 février 1751, âgé de 82 ans, 2 mois, 13 jours. Son père avait eu lui aussi une belle vieillesse, presque exempte d'infirmités, et étaait mort à 81 ans.

mencer par soi-même la réforme du public [1]. » Or, cette réforme de soi-même était la dernière de toutes, pour les promoteurs de la nouvelle morale.

On a dit de lui qu'il jouit aujourd'hui d'une fleur de renommée où les mœurs ont plus de part que le génie. Ne sont-ce pas les mœurs en effet qui, à la distance où nous sommes, donnent à sa figure tout son relief? Son art oratoire, le parfum de belle et saine littérature qui s'exhalait de ses discours, ont perdu beaucoup de leur attrait. On ne lit plus ses mercuriales qui ont encore cependant la valeur d'œuvres morales exquises, et où, se livrant à autant d'examens de conscience que le ministère de la justice impose de devoirs, il traduisait au dehors le feu intérieur dont il était rempli. Mais on lira toujours avec émotion le discours qu'il écrivit sur sa famille et pour sa famille. Il avait été éloquent au palais, comme interprète du droit et des lois ; mais il devait l'être beaucoup plus comme fils, dans l'expansion de sa piété filiale et domestique.

Ce sont quelques accents de cette éloquence, toujours jeune et toujours nouvelle, que nous voudrions faire pénétrer dans nos foyers modernes.

1. *La censure publique*. Mercuriale prononcée en 1699.

Nous avons cité ailleurs bien des éloges touchants, dictés aux enfants par la reconnaissance envers leurs parents. Nous aurions à cœur de faire admirer quelque chose de plus dans les pages qu'on va lire. Il n'est pas commun de voir en si haut lieu un tel personnage, un Chancelier de France, s'ouvrir à ce point même pour les siens. D'Aguesseau est un des exemples de la toute-puissance qu'exercent toute la vie, sur des enfants bien nés, le dévouement et l'infaillible autorité de bons parents. Cette impression, il la garde entière. Il se considère toujours dans son premier état de petit écolier. Il continue à se placer dans cette situation en présence de son père. Il semble vouloir mieux sentir ainsi dans une sorte de rajeunissement de cœur et de renouvellement de candeur l'influence encore présente de ses leçons, afin de mieux s'inculquer à lui-même la pensée de ses devoirs et d'obliger tous les siens à devenir « les vivants portraits » de cet incomparable modèle.

« Heureux, avait-il dit un jour, en 1702, dans une de ses mercuriales, heureux les enfants que leur père conduit à la perfection, bien moins par la voie longue et difficile des préceptes que par le chemin court et facile des exemples ! Image vivante de la vertu, il la rend sensible à leurs yeux. Ce n'est plus cette vertu que les philosophes nous représentent assise sur un rocher escarpé ; c'est une vertu présente, accessible et familière, que ses enfants apprennent comme par goût et par instinct, qu'ils croient voir et sentir, et qui semble emprunter une forme corporelle pour s'accommoder à la faiblesse de leur raison naissante, et pour exciter en eux, non une admiration stérile, mais une utile imitation. Il conserve son ouvrage avec autant de soin qu'il l'a formé. Son attention redouble dans le temps qui voit cesser celle des autres pères. Cet âge dangereux où le cœur hésite entre le vice et la vertu, cette saison incertaine où le calme est toujours proche de la tempête, ces jours critiques qui décident de toute la vie, ont fait trembler de loin la timide tendresse du père de famille ; il les voit approcher avec encore plus de frayeur. C'est alors que, voyant la vertu de ses enfants aux prises avec la corruption du siècle, il leur apprend à soutenir les premières et souvent les plus rudes attaques d'un ennemi si redoutable ; et son active vigilance ne se repose jamais, jusqu'à ce qu'une entière victoire ait enfin terminé ce dangereux combat en faveur de la vertu. »

Nous prions nos lecteurs de rapprocher de ces lignes le sublime passage où Antoine de Courtois, se mettant aux genoux de son fils, prenant ses mains et les yeux baissés devant les siens, l'entretient de ses mœurs, et le conjure de les garder, pour être heureux et rendre heureux les enfants que Dieu lui donnera[1]. D'Aguesseau tenait le même langage, après avoir été l'objet de la même vigilante tendresse. Lui aussi avait été entouré des mêmes précautions infinies, pour qu'il ne reçût « aucune impression d'irréligion ou de vice ; » et, plus tard, il complétait ces enseignements pour les siens, en ajoutant que dans sa famille on avait toujours désiré « plus la perfection des enfants que leur fortune[2]. » Un publiciste de notre temps, en traitant la question de la famille, a opposé la paternité moderne à la paternité ancienne, en disant que l'autorité paternelle « a subi la loi de toutes les grandes fonctions sociales d'aujourd'hui[3]. » Mais il se trompe. Il n'y a pas de principes nou-

1. Ci-dessus, dans les conseils d'Antoine de Courtois à ses enfants, § III, p. 123.

2. « Mon père et ma mère, dit-il ailleurs, donnaient à leurs enfants des exemples de vertus dignes d'être proposés aux plus saints religieux. »

3. Ernest Legouvé, *Les pères et les enfants au XIXe siècle*, p. 19.

veaux, de devoirs nouveaux, surtout en pareille matière, et les grandes fonctions sociales d'aujourd'hui sont subordonnées à la même loi morale, dont la pratique a produit les familles vertueuses et les sociétés prospères de tous les temps.

D'Aguesseau nous dira comment son père fut son premier instituteur, et demeura son conseil, son guide, et, mieux que cela, son maître, jusqu'au dernier jour. Il nous le montrera redevenant presque enfant avec lui, pour se mettre à sa portée, et travaillant à former sa raison par un plan d'études si naturel, si simple et en même temps si utile, que plusieurs de ses amis le lui avaient emprunté pour élever leurs fils de la même manière. Il nous fera assister aux tournées administratives de l'intendant de Limoges, effectuées en famille. Nous verrons la mère ouvrant chaque matin la marche par la prière commune, le carrosse servant de salle de classe, les beaux vers récités et les versions latines improvisées, pendant que les chevaux galopent à travers monts et vallées. L'éducation se poursuit de la sorte à Bordeaux et à Toulouse. Dans cette dernière ville, Henri d'Aguesseau a fort à faire pour terminer le canal du Languedoc. Les ingénieurs envoyés par Colbert ne s'entendent pas entre eux, et il est obligé d'être sans cesse sur les chemins pour résoudre d'incessantes difficultés. Il prend en pareil cas son fils pour compagnon de route, s'attachant ainsi à développer son instruction pratique.

« Il en fut bien récompensé, nous dit celui-ci, par l'entière perfection de l'ouvrage, dont il eut le plaisir de jouir lui-même, en faisant deux fois la navigation du canal depuis Cette jusqu'à Toulouse. J'eus le bonheur de la faire les deux fois avec lui, et ce fut un temps véritablement heureux pour moi, parce qu'il y était encore plus attentif à me former qu'à perfectionner les ouvrages du canal. »

Le mot de la fin n'est-il pas heureux, lui aussi? Et ne traduit-il pas bien cette pénétration mutuelle de la vie privée et de la vie publique que nous retrouvons sur tous les points, comme le trait distinctif des meilleures traditions françaises?

Plus tard, d'Aguesseau, devenu père à son tour, et malgré tous les soucis que lui donne sa charge de procureur général, fait pour ses quatre fils ce qui lui a été d'un si grand profit à lui-même. Nul n'ignore les belles instructions qu'il adressa en 1716 à celui d'entre eux qui, en qualité d'aîné, devait continuer l'œuvre propre de la famille dans la magistrature [1]. Il veut le préparer à aborder le

1. Henri-François de Paule d'Aguesseau, né en 1698, fut

sanctuaire des lois, par l'étude approfondie de la religion, du droit, de l'histoire et des belles-lettres.

« Vous venez, mon cher fils, d'achever le cercle ordinaire de l'étude des humanités et de la philosophie. Vous l'avez rempli avec succès ; je vous en félicite de tout mon cœur, je m'en félicite moi-même, ou plutôt nous devons l'un et l'autre en rendre grâces à Dieu, de qui viennent tous les biens dans l'ordre de la nature, comme dans celui de la grâce.

« Ne croyez pourtant pas avoir tout fait parce que vous avez fini heureusement le cours de vos premières études. Un plus grand travail doit y succéder, et une plus longue carrière s'ouvre devant vous. Tout ce que vous avez fait jusqu'à présent n'est encore qu'un degré ou une préparation pour vous élever à des études d'un ordre supérieur.

. . . .

« L'essentiel est de vous former d'abord un plan général des études que vous allez entreprendre...

nommé avocat général au Parlement de Paris le 21 août 1719. Il continua, même après son mariage, à demeurer avec son père et deux de ses frères dans l'hôtel de la place Vendôme.

Je réduis ce plan à quatre points principaux, sur lesquels je ne marquerai à présent que ce que vous pourrez exécuter à peu près dans le cours d'une année. Je le continuerai dans la suite, à mesure que le progrès de vos études le demandera, et j'espère que le succès de chaque année m'encouragera à vous tracer, avec une nouvelle confiance, le plan de l'année suivante... »

Et d'Aguesseau résume, dans autant de traités substantiels, les fruits de ses observations et méditations, indiquant avec une expérience consommée les sources pures et sûres. Ces instructions ont été et seront toujours des modèles à suivre; mais il convient de noter qu'il les avait trouvées en germe dans celles qu'avait rédigées pour lui son père. Dix mémoires ou plans d'études avaient été composés par Henri d'Aguesseau, et un contemporain qui les avait lus nous dit, en les rapprochant de l'œuvre du Chancelier : « A l'étendue près, ce sont les eaux du même fleuve; elles ont la même profondeur et la même limpidité. » Il résulte du même parallèle entre les deux que le père et le fils se distinguaient par des qualités d'esprit très-différentes. Le premier était précis et concis; il ne disait que ce qu'il fallait, cherchant toujours la voie la plus courte, tandis que le Chancelier adorait et mettait partout l'ampleur de la période cicéronienne.

Tous les deux avaient du reste la même méthode pratique d'éducation, et rien n'est plus intéressant que d'assister aux exercices scolaires, par lesquels le fils, à l'exemple de son père, se faisait petit avec ses enfants pour les élever ensuite peu à peu jusqu'à lui.

« L'aîné et le deuxième de ses fils, raconte un de ses historiens, suivaient des cours à Paris et avaient un précepteur. En été, ils allaient à Fresnes, et d'Aguesseau, qui s'appelait lui-même leur répétiteur de campagne, leur envoyait des sujets de narration, de lettres et de discours. Chaque semaine, il recevait leurs copies, les corrigeait et les leur renvoyait annotées. Si c'étaient des sujets philosophiques, il discutait avec eux pour les échauffer; il leur faisait entendre des maîtres de différentes opinions, et il les excitait, surtout l'aîné qui était judicieux, mais un peu réservé comme sa mère, à prendre parti l'un contre l'autre. Paulin [1]

1. Jean-Baptiste Paulin d'Aguesseau de Fresnes, né en 1702, entra au Conseil d'Etat, et il en était le doyen, lorsqu'il mourut à la veille de la Révolution.

Devenu après la mort de son frère aîné le dépositaire des manuscrits du Chancelier, il se consacra tout entier à achever leur publication. Ce fut lui qui longtemps se refusa à

avait plus d'imagination ; son père lui parlait poésie, éloquence, en riant même du feu qu'il y mettait [1]. » On ajoute que l'aïeul, Henri d'Aguesseau, reprenait parfois son ancien rôle de maître avec ses petits-enfants, et même qu'il correspondait avec eux. Il se plaisait à leur faire goûter les descriptions de la vie rurale, tracées par Virgile. « Je suis bien aise d'apprendre, écrivait-il à Paulin, que vous lisez les *Géorgiques* de Virgile. C'est une lecture qui convient merveilleusement au séjour de la campagne. Vous avez l'avantage de pouvoir vous instruire avec les laboureurs, les jardiniers et les paysans, du fond des matières qui y sont traitées... »

Claire-Thérèse d'Aguesseau, la fille aînée du Chancelier, après avoir appris chez les dames de Sainte-Marie de la rue Saint-Jacques l'histoire, la littérature, la philosophie et la langue latine, com-

laisser imprimer la vie de son aïeul, et qui finit par céder à d'universelles prières, dans des circonstances que nous allons retracer. Son éloge figure en tête du tome XIIIe et dernier des œuvres de d'Aguesseau.

Le troisième fils du Chancelier, Henri-Louis d'Aguesseau d'Orcheux, suivit la carrière des armes.

Le quatrième, Charles d'Aguesseau de Plainmont, devint avocat général comme son frère aîné.

1. Francis Monnier, *Le chancelier d'Aguesseau*, Paris, Didier, 1 vol. in-8, p. 160.

pléta et termina de même son éducation intellectuelle chez son père. « J'espère, lui écrivait-il, que vous humilierez par vos réponses la vanité de vos frères, qui se croient d'habiles gens, et que vous leur ferez voir que la science peut être le partage des filles comme des hommes... Ce que je trouve de beau en vous, c'est que vous ne dédaignez pas de descendre du haut de votre érudition, pour vous abaisser à faire tourner le rouet... »

Le temps n'était plus où les femmes faisaient tourner le rouet, en cultivant la science, et où Catherine Des Roches chantait en des vers charmants son fuseau et sa plume[1]. Le Chancelier voulait que ses filles conservassent ces anciennes mœurs, dont ses sœurs avaient reçu et gardaient également la tradition. Ainsi Madeleine d'Aguesseau n'était pas moins instruite et lettrée que son frère. Mariée à M. Le Guerchois, conseiller d'Etat, elle se consacra tout entière à ses enfants. Elle leur laissa, elle aussi, de beaux enseignements qui, trouvés dans ses papiers, furent publiés après sa mort[2]. Nous n'avons pas encore nommé, dans l'é-

1. *Les Fa illes et la Société en France avant la révolution*, t. II, liv. 11, chap. 8, « La mère de famille. »

2. *Avis d'une mère à son fils*, Paris, 1743-1747, 2 vol. in-12.

numération des membres de la famille, celle qui n'y tenait pas une moindre place que le Chancelier, et entre les mains de laquelle se trouvait même toute son administration. La mère était à la hauteur du père. Anne Lefèvre d'Ormesson appartenait à une de ces races exemplaires qui ont été l'honneur de la France chrétienne. Elle descendait de cet Olivier Lefèvre dont l'histoire est une sorte d'épopée domestique, d'abord simple clerc chez un procureur, puis s'élevant degré par degré jusqu'à la présidence de la Chambre des Comptes, père de sept fils et de huit filles qu'il avait établis par son épargne, enfin couronnant son œuvre, achevant la fondation de sa maison, par l'achat de la terre d'Ormesson, et y implantant l'avenir de sa postérité [1]. La descendante d'Olivier était digne de lui. La figure de Mme d'Aguesseau nous est retracée en quelques traits qui nous la rendent presque présente : « Elle avait, dit la marquise de la Tournelle, une figure charmante, beaucoup de grâce, infiniment d'esprit et de conduite, la régularité et la piété les plus grandes, avec de la gaieté, un extrême attachement pour son mari et ses enfants, bonne mère de famille, gouvernant bien sa maison

1. *Les Familles*, t. I, liv. I, chap. 3,

et ses affaires dont elle avait seule l'administration... »

Le Chancelier savait tout ce qu'il devait à sa femme; il le proclamait très-haut, et il souriait lorsqu'on lui parlait du souverain pouvoir dont elle était investie, pour les détails positifs de la vie, et auquel il était le premier à obéir[1]. Délivré des sollicitudes journalières du ménage, il pouvait d'autant mieux gouverner et instruire ses enfants; mais il ne vivait point pour cela dans le seul commerce des livres. A l'exemple des anciens, il s'occupait des choses de l'agriculture; ses plus beaux jours, disait-il, étaient ceux qu'il pouvait leur consacrer, et il fut un des premiers à avertir Louis XIV de la disette qui devait éclater d'une manière si cruelle en 1709. A ce souvenir s'en joignait pour lui un autre qu'il consigne dans ses annales domestiques. Il raconte que son père fut mis à la tête d'une commission, pour conjurer le fléau de la famine, en animant de son zèle toutes les administrations provinciales et locales.

1. Elle mourut, avant le Chancelier, le 1er décembre 1735. Dans son humilité chrétienne, elle avait voulu qu'on l'ensevelît au milieu des pauvres de la paroisse d'Auteuil; ses intentions furent suivies, et c'est aussi dans ce cimetière que fut érigé plus tard le tombeau de d'Aguesseau, dont Louis XV fournit le bronze et les marbres.

Lors donc que, dans ses remontrances patriotiques prononcées à l'occasion des mercuriales, il s'indignait contre les nouvelles mœurs et surtout contre l'abandon de tous les devoirs de la paternité, il faisait mieux que de vaines dissertations de morale. En réalité, c'était une famille qui rappelait par ses exemples la nécessité de revenir à la tradition.

« Tel est le changement produit dans le monde, depuis qu'on en a chassé la raison, qu'avec elle on a vu disparaître l'amour de l'ordre et de la discipline. On a secoué le joug importun du respect... ; on a méprisé l'âge des anciens.

« On ne connaît plus son état, on ne se connaît plus soi-même. Le fils dédaigne d'habiter la maison de ses pères, il rougit de leur ancienne simplicité. Un patrimoine, amassé pendant tant d'années par les mains de la tempérance et de la frugalité, est bientôt sacrifié au spectacle enchanteur d'une vaine magnificence... »

Il a des accents pleins d'une inspiration toute biblique, en voyant le mal envahir les vieilles familles du Parlement : « Et vous, que la justice a portés dans son sein, qu'elle a vus croître sous ses yeux et qu'elle a regardés comme sa suprême espérance ; vous, pour qui la sagesse des mœurs était un bien acquis et héréditaire que vous aviez reçu de vos pères, et que vous deviez transmettre à vos enfants, qu'est devenu ce grand dépôt que Dieu vous avait confié? Enfants des patriarches, qu'avez-vous fait de la plus précieuse portion de leur héritage, de ce patrimoine de prudence, de modération et de simplicité, qui était le caractère et comme le bien propre de l'ancienne magistrature?... »

Les plus grands coupables sont les pères. Mme de Maintenon l'écrivait à cette époque : « On manque aujourd'hui à tous ses devoirs par maxime : c'est là le grand changement et la grande corruption du siècle... On dit que la vie n'est donnée que pour se divertir, qu'il ne faut point se contraindre, qu'un mari ne doit point se soucier de la réputation de sa femme, de la conduite de ses enfants et de la règle de sa maison[1]. » C'est aussi à cet esprit nouveau, destructeur des devoirs et du respect de la plus grande des institutions sociales, que d'Aguesseau s'attaque : — « Il semble que les magistrats même aient oublié qu'ils doivent à leurs enfants une seconde vie beaucoup plus précieuse que la première. Bien loin de s'appliquer au pénible tra-

1. Mme de Maintenon, *Conseils aux demoiselles*, publiés par M. Th. Lavallée, t. I, p. 144.

vail de former leurs mœurs, ils se donnent à peine le loisir de les voir. Leur présence importune, leur souvenir même est amer et corrompt toute la douceur d'une vie molle et délicieuse. Ils croissent inconnus à leurs pères et ne les connaissent pas eux-mêmes. Ce sont des plantes que l'on jette au hasard dans le champ de la république ; une heureuse nature en sauve quelques-unes ; le reste périt par défaut de nourriture ou est entraîné par le torrent de la corruption commune [1]. »

Tristes et douloureux témoignages ! Ils marquent le point de départ de la chute, avec les origines d'un mal qui, en s'étendant jusqu'aux couches profondes du pays, a pris les proportions d'un redoutable péril social. Ceux qui connaissent les torrents des Alpes savent à quelles lois ils obéissent, comment leurs cônes de déjection se forment et s'étendent, et ils peuvent prédire à quelle date les cailloux roulés et de vastes lits couverts de pierrailles auront remplacé les vertes prairies, les chaumières et les hameaux voisins. Le monde moral et l'ordre des sociétés subissent un semblable travail d'érosion depuis plus d'un siècle. Les pères absolus d'autrefois, sous les traits desquels, au théâtre et dans les

1. *Les mœurs du magistrat*. Mercuriale prononcée en 1702.

romans, on prétend révéler à la génération actuelle les vieilles mœurs françaises, ces pères indignes, on vient de les voir décrits tels qu'ils ont commencé à le devenir, en perdant tout principe[1]. Ils portent assez le cachet de leur origine pour qu'on les reconnaisse, et leurs fils révoltés, après avoir été formés à leur image, n'ont que trop servi les plus mauvaises passions révolutionnaires. Mais ils ne représentent pas plus les anciennes mœurs des siècles prospères que les lits désolés des torrents des Alpes ne rappellent les frais gazons dont ils ont pris la place.

En suivant ainsi d'Aguesseau dans son œuvre

1. Le mal ne date pas d'aujourd'hui. Il y a plus d'un siècle, Rousseau, dans sa lettre à d'Alembert sur les spectacles, disait à quel point « le torrent de préjugés s'attaquait de plus en plus à l'âge de la sagesse, de l'expérience et de l'autorité et l'avait fait tomber dans le dernier des avilissements. »

« Les rapports naturels sont renversés, ajoutait-il ; on fait des vieillards, dans les tragédies, des tyrans, des usurpateurs; dans les comédies, des jaloux, des usuriers, des pédants, des pères insupportables, que tout le monde conspire à tromper. » Il ne pardonnait pas à Molière d'avoir contribué à ce désordre moral. « Voyez comment cet homme, pour multiplier ses plaisanteries, trouble tout l'ordre de la société; avec quel scandale il renverse tous les rapports les plus sacrés sur lesquels elle est fondée; comment il tourne en dérision les respectables droits des pères sur les enfants, des maris sur les femmes, des maîtres sur leurs serviteurs. »

publique de réforme, nous arrivons à son œuvre intime de conservation domestique ; et là, précisément, nous allons retrouver la tradition vraie, l'ordre fondamental.

Deux fois, d'Aguesseau eut à subir des disgrâces volontaires, pour avoir résisté auprès du Régent à cet esprit de nouveauté dont son honneur et sa conscience ne lui permettaient pas d'être complice [1]. Il n'avait pas alors de plus grande joie que de s'enfermer, avec sa femme et ses enfants, et dans la société de quelques amis, au sein de sa terre de Fresnes, près d'un petit village de la Brie, à six lieues de Paris. C'est là qu'il composa ses principaux ouvrages, et c'est là encore qu'après la mort de son père, il consacra à sa mémoire des jours de libre recueillement. Plus les saintes croyances, les mœurs simples, la pureté et la droiture du cœur, l'esprit de respect s'effaçaient dans un monde oublieux de l'avenir du pays comme de ses devoirs, plus il s'attachait à les garder dans son foyer et sous l'abri de sa maison rurale de prédilection. La

1. En 1718, il s'opposa au fameux système de Law, et il aima mieux se retirer que de concourir à une aventure dont il prévoyait les suites funestes pour l'Etat et pour les familles. En 1720, et après la catastrophe financière qui bouleversa toutes les fortunes, Law alla lui-même chercher d'Aguesseau à Fresnes, pour lui demander de porter remède au mal dont il avait été l'auteur.

biographie de son père à retracer fut pour lui une fête intérieure. « J'en retrancherais beaucoup, observait il, si j'écrivais pour le public. Peu de personnes sont capables de sentir le prix de tous les traits que j'ai tâché de recueillir. Mais je n'ai écrit ce discours [1] que pour vous, mes enfants, et pour moi, comme un fils pénétré d'amour et d'admiration... »

Tout regard profane devait donc être écarté de ce portrait tracé par la piété filiale. M. Sainte-Beuve l'a bien apprécié quand il a dit : « Cette biographie a le caractère d'une douce et sainte solennité domestique. La piété, la modestie, la pudeur, la délicatesse morale la plus exquise en font l'âme et les traits. On n'en pourrait donner une idée par une sèche analyse. C'est dans les pages mêmes du fils qu'il faut apprendre à aimer l'expression modérée, continue et pleine de cette belle vie antique de M. d'Aguesseau le père; c'est là qu'il faut voir briller, sous des cheveux de plus en plus blancs, la vertu toujours égale du vieillard dans toute la

1. Le manuscrit du Chancelier fut publié sous ce titre : *Discours sur la vie et la mort de M. d'Aguesseau, conseiller d'Etat, par M. d'Aguesseau, chancelier de France, son fils.*

En détachant du tableau d'ensemble la partie domestique contenant les *Enseignements*, nous avons attribué à celle-ci le vrai nom qu'elle doit avoir.

fleur de sa première innocence... Evidemment, le Chancelier s'est quelquefois souvenu, en l'écrivant, de la *Vie d'Agricola* par Tacite; mais il se souvient encore plus et avant tout qu'il est fils et chrétien [1]. »

D'Aguesseau ne réussit pas à soustraire son manuscrit au public, comme il l'avait voulu. Les lectures qui en étaient faites dans son cercle domestique suffisaient pour l'empêcher d'y demeurer enfermé. Les vives émotions qu'il produisait se communiquaient au dehors, et elles revenaient vers lui pour le presser de laisser imprimer des pages si touchantes, qui honoreraient tant son père aux yeux de la France et présenteraient à beaucoup de familles le plus beau des modèles. Mais il répondait toujours en pareil cas par des refus : « C'est un ouvrage qui ne doit pas sortir de la sphère d'une famille à laquelle seule il est propre ; » et il priait ses enfants de ne jamais le publier.

La publication devait avoir lieu cependant. Longtemps après la mort du Chancelier, elle ne fut pas à vrai dire obtenue, elle fut arrachée de toute une famille qui s'était montrée jusqu'alors invincible dans ses résistances. Cette histoire de la mise au jour de la Vie d'Henri d'Aguesseau est trop remar-

1. *Causeries du lundi*, t. III, p. 327.

quable pour que nous ne la relations pas avec quelques détails. Nous allons voir croître par degrés la trace de lumière dont nous parlions au début de notre esquisse, comme ayant éclairé de plus en plus la figure du fils, après avoir commencé par former l'auréole du père. Le Chancelier, tout pénétré de la tradition biblique, s'était inspiré de la piété du Sage célébrant les patriarches des anciens temps : « *Mon fils, louons ces hommes pleins de gloire qui sont nos pères et dont nous sommes la race... Leur nom vit de génération en génération*[1]. » Cette gloire paternelle venait rejaillir sur la mémoire de d'Aguesseau, presque malgré lui et contre ses volontés.

Les enfants, scrupuleux observateurs des désirs de leur père, se bornèrent à communiquer des copies de la biographie de leur aïeul aux rares personnes de leur intimité, dont la discrétion les rassurait. Mais, plus les copies se répandaient, plus l'admiration croissait, plus aussi les sollicitations devenaient pressantes. Une correspondance des plus intéressantes nous a été conservée à cet égard[2].

1. Ecclésiastique, XLIV. Voir tout ce texte dans notre second volume, § IV des extraits des Livres sapientiaux.

2. Elle fut insérée à la suite du précieux manuscrit,

« L'histoire, écrivait-on dans une de ces lettres, est un tribunal redoutable, où le vice longtemps impuni et quelquefois triomphant est dépouillé tôt ou tard de la gloire qu'il avait usurpée, où la vertu opprimée reçoit le tribut de l'amour et de l'admiration des siècles à venir. Cette noble destination de l'histoire, M. le chancelier d'Aguesseau la connaissait parfaitement. Il possédait d'ailleurs dans un degré éminent toutes les qualités que doit réunir l'historien. La vie de son père qu'il a composée pour l'instruction de ses enfants est vraiment un chef-d'œuvre. Je viens de la lire manuscrite, ou plutôt je l'ai dévorée avec un plaisir qu'il est plus aisé de sentir que d'exprimer.

« On ne sait lequel des deux, de l'historien ou du héros, on doit le plus admirer. Le public attend cet ouvrage avec le plus grand empressement.

« Une philosophie audacieuse a osé dire que la religion ne peut être que le partage des âmes vulgaires ; qu'elle rétrécit l'esprit, qu'elle abat le courage, qu'elle rend l'homme incapable de grandes entreprises, qu'elle détache les citoyens de l'Etat et les remplit d'indifférence pour les intérêts de la

pour expliquer et justifier en quelque sorte la force majeure à laquelle on obéissait. (T. XIII de l'édition de 1789, p. xlj et suiv.)

patrie. Il est aisé sans doute de repousser des accusations si peu fondées ; mais il n'y a pas d'apologie plus efficace de la morale de l'Evangile que la vie même de ces hommes rares, qui joignirent à un profond respect et à l'amour le plus ardent de la religion toutes les vertus et tous les talents que le monde révère.

« Tel fut M. d'Aguesseau, le père de M. le Chancelier. Il posséda dans un degré supérieur toutes les qualités de l'esprit et du cœur qui forment le grand homme d'Etat... Son désintéressement et sa générosité furent sans exemple. Il avait pour la justice un attachement invincible. Il joignait à une douceur et à une modestie admirables une intrépidité qui ne l'était pas moins. Son amour pour la patrie était digne d'un Romain... »

On ne se bornait pas à s'édifier soi-même, en lisant une si belle vie ; on en faisait l'objet d'une œuvre de perfectionnement moral autour de soi.

« J'ai sollicité M. de C... de donner à cette lecture les instants si courts que peuvent lui laisser ses fonctions, dit un magistrat dans une autre lettre. Je l'ai également sollicité de déterminer la famille, avec laquelle il a des relations, à céder enfin aux instances du public, et à livrer ce bel ouvrage au grand jour de l'impression. Je n'ignore point que vous faites de votre côté tous vos efforts pour obtenir ce consentement. La famille aura beau vouloir résister ; elle ne pourra tenir contre tant de sollicitations.

« J'avoue qu'une conduite si pure et si soutenue, pendant tout le cours d'une longue vie, sans le moindre mélange d'imperfection, m'a étonné. Mais, quand j'ai vu que la religion en était la base, que M. d'Aguesseau marchait toujours à l'exemple des anciens patriarches en la présence de Dieu, qu'il méditait continuellement les Livres saints et les années éternelles, je n'ai plus été surpris. Le vrai chrétien connait toute l'étendue de ses devoirs, parce qu'il les étudie, et les pratique, parce qu'il les aime. J'ai aussi admiré cette divine Providence d'avoir suscité dans tous les siècles, et dans tous les états, des modèles de perfection, pour donner plus d'éclat à la vertu, exciter notre émulation et nous rendre inexcusables dans notre lâcheté et notre mollesse. »

Telle avait été d'abord la réserve de la famille qu'en 1760 un prêtre distingué, auquel avaient été confiés plusieurs manuscrits du Chancelier, n'avait pu obtenir le plus intéressant, celui qu'il était le plus jaloux de connaître. Ce prêtre, dont le nom ne nous a pas été donné, pas plus que ceux des autres correspondants, insiste, lui aussi, pour une impression immédiate. La conclusion de sa lettre demande à être reproduite ici, à peu près tout entière.

« Les fausses notions sur le goût et la morale se sont multipliées depuis la fin de ce siècle où le père et le fils ont déployé leurs talents. On a quitté les vrais modèles, on a même méconnu et attaqué les principes. Chacun a créé des règles à sa guise. Tous les genres ont été dénaturés. *En un mot, on n'a fait que renverser et détruire sans rien édifier.*

« Heureusement, les anciens modèles existent toujours. Les ouvrages de M. le chancelier d'Aguesseau qui a fermé le siècle de Louis XIV peuvent encore nous servir de modèles. On y trouve aussi des leçons de vertu, si nécessaires dans ce siècle de corruption. La Vie de son père est bien faite pour nous faire sentir le prix de cette piété filiale, qu'il serait si avantageux de régénérer dans un temps où le vil égoïsme gouverne presque tous les hommes. Qu'on jette les yeux sur la Chine, et l'on sera forcé d'avouer que, malgré les erreurs et les abus de ce gouvernement, les bonnes mœurs ne laissent pas cependant d'y dominer, parce que la piété filiale y est respectée. Le despotisme y est devenu, pour ainsi dire, une autorité vraiment paternelle. On ne trouve pas, dans les meilleurs moralistes du siècle de Louis XIV, des réflexions plus solides sur la piété filiale que celles qui sont répandues dans les Mémoires concernant les Chinois, par les missionnaires de Pékin.

« L'ouvrage de M. le chancelier d'Aguesseau est un des plus beaux monuments consacrés à cette vertu... L'histoire du testament paternel et ce qui en a été la suite y sont racontés avec un intérêt touchant et d'une manière qui édifie. C'est en quelque sorte, comme chez les Chinois, un discours prononcé dans la salle des ancêtres. »

Retenons l'observation soulignée : « Depuis un siècle, on n'a fait que renverser et détruire sans rien édifier ; » et n'oublions pas qu'elle est faite à la veille de 1789, peu d'années avant la Terreur de 1793. Quelle vue claire de la désorganisation de l'ancienne société, chez celui qui nous la fournit ! Il disait, il y a près de cent ans, ce que, malgré tous les témoignages de l'histoire, malgré les révolutions périodiques dont nous souffrons si cruellement, malgré les désastres où la patrie française et notre unité nationale ont été les victimes de nos erreurs, beaucoup de nos contemporains ne reconnaissent pas encore. Le mal profond, le mal intime, dont les classes supérieures du XVIIIe siècle nous ont transmis le triste héritage, a toujours la même cause, l'insurrection contre la loi morale aboutissant au renversement du foyer domestique.

Là ne s'arrête pas l'histoire du manuscrit. Un personnage éminent, qu'on ne nomme pas davantage que les auteurs des lettres, en avait eu « une communication secrète. » — « Dans l'enthousiasme que lui avait inspiré la lecture de cet ouvrage, il ne pouvait concevoir comment on avait pu prendre la résolution de ne pas la rendre publique. Il ne manqua pas, à la première occasion, d'en témoigner sa surprise et ses regrets à M. d'Aguesseau doyen du Conseil[1]. Ce magistrat, scrupuleux observateur des volontés de son père, lui opposa la défense que celui-ci avait faite de livrer jamais cet ouvrage à l'impression. — « Mais, d'ailleurs, lui ajouta-t-il, vous qui connaissez si bien l'esprit de notre siècle, pouvez-vous penser qu'une vie

1. J.-Baptiste Paulin d'Aguesseau de Fresnes, dont il a été parlé plus haut.

aussi sainte soit capable d'attirer les regards et de piquer la curiosité? » — « Oui, monsieur, lui répondit avec fermeté ce digne ami des lettres, vous ne devez pas douter un instant que la partie saine du public ne lise un ouvrage si propre à inspirer le goût de la vertu... Malgré la contagion du siècle, en ai-je moins versé des larmes, en le lisant, et ai-je moins désiré de devenir meilleur?.. D'ailleurs, monsieur, n'êtes-vous pas obligé par état, et par les sentiments de piété qui sont héréditaires dans votre famille, de rendre de plus en plus sensible la grande influence de la religion sur la félicité publique? Vous acquitterez cette dette si honorable, en cédant aux instances réitérées du public. »

« Cette conversation, gravée dans la mémoire de ceux qui y assistèrent, fut si animée et si pressante que M. d'Aguesseau de Fresnes, attendri jusqu'aux larmes, fut presque vaincu, et désira vivement pouvoir surmonter tous les obstacles. Mais ce qui fixa tous les doutes et leva tous les scrupules, ce fut l'approbation marquée dont Sa Majesté honora cet ouvrage, et l'ordre exprès qu'elle donna de réunir ce monument si précieux à la grande collection des ouvrages de M. le chancelier d'Aguesseau, destinée par le gouvernement à l'instruction des magistrats et des jurisconsultes,

Cet ouvrage était d'ailleurs rempli de tant de traits d'amour du bien public qu'il ne pouvait que faire une impression vive sur l'âme d'un prince, le père de son peuple, ami des hommes... »

La scène est vivante, on croit entendre les interlocuteurs, et l'on ne peut mieux voir traduit l'état moral où se trouvaient alors les meilleurs. Mais, Louis XVI intervenant en personne, pour décider le fils de d'Aguesseau à satisfaire aux vœux de tant de gens de bien ! Le Roi de France, père de ses sujets, voulant à ce titre que ceux-ci pussent savoir ce qu'était, un siècle auparavant, un véritable père au foyer domestique ! Voilà le trait qui achève de nous toucher. Nous connaissions déjà la beauté de l'âme de Louis XVI, et l'histoire nous dit aussi pour notre instruction présente comment, malgré son cœur, malgré la droiture de ses intentions et l'ascendant de ses vertus, les erreurs, au milieu desquelles il fut jeté par des esprits égarés dans leur honnêteté et par une opinion révoltée contre toute tradition, l'engagèrent dans une voie qui devait précipiter la catastrophe [1].

1. Le Play, *Le principe et les moyens du salut en France*, Mame, Tours, 1874, 1 broch. in-18, p. 24. — Voir aussi la lettre du 1er décembre 1875 adressée par lui à M. Claudio Jannet, et placée en titre du livre de ce dernier ayant pour titre : *Les États-Unis contemporains*, Paris, Plon, 1876.

Nous nous arrêtons au fait qui vient de nous être raconté, et là il nous apparaît tout entier lui-même, dans l'intégrité de sa conscience. Il croyait à la nécessité première et absolue de relever la loi de Dieu, l'autorité paternelle, la famille, les vertus du foyer, le dévouement chez tous, comme étant les fondements de toute société et les éléments constitutifs de toute réforme. Et cela honorera à jamais sa mémoire qu'a immortalisée l'héroïsme de son sacrifice.

L'Académie française prit part aux manifestations dont était l'objet la publication du manuscrit de d'Aguesseau. Dépositaire, elle aussi, d'une tradition, et étroitement unie à la partie restée saine du pays, elle exprima ses vœux, le 13 mars 1788, par l'organe de son président, M. Beauzée, répondant à un des petits-fils du Chancelier, avocat général au Parlement de Paris et conseiller d'Etat [1], qu'elle recevait dans son sein :

« Moins le monde en paraît digne, plus il importe de mettre sous les yeux de grands exemples, capables peut-être de le faire rougir de la frivolité

1. Henri-Cardin-Jean-Baptiste, marquis d'Aguesseau, né à Fresnes, en 1746. Il fut élu membre de l'Académie française, le 13 décembre 1787, à la place du marquis de Paulmy.

de ses idées, peut-être de le corriger de la licence de ses mœurs et de le ramener aux bons principes qu'il n'a que trop oubliés. Tel sera, je n'en doute pas, l'effet infaillible de cet ouvrage, s'il devient public par l'impression. Les hommes de tous les états trouveront dans le personnage qu'on y peint un modèle vraiment digne d'admiration, et qu'il serait honteux de ne pas imiter. L'auteur y est lui-même un modèle... ; c'est la piété filiale qui lui a suggéré de tracer, pour sa propre instruction, le tableau énergique et fidèle des vertus de son respectable père.

« Hâtez-vous, monsieur, de publier cet ouvrage si précieux... Ce serait de la part de la famille une modestie mal entendue, je dirai même injuste, de dérober plus longtemps au grand jour ces précieuses leçons. Elle doit le sacrifice de sa modestie à l'utilité publique, objet du dévouement de ce grand homme. Elle le doit à ce grand homme lui-même, dont ce bel ouvrage ne peut qu'honorer infiniment la mémoire. »

Etrange destinée que celle de cette œuvre de piété filiale, au sujet de laquelle il n'y avait pas une seule voix discordante, qui faisait dire et proclamer par tous la nécessité de revenir aux éternels principes, de rétablir l'éternelle morale, et de s'appliquer pour cela à l'étude des modèles!

Elle parut enfin, trente-sept ans après la mort du Chancelier; et à quelle date? A l'heure même où venait de sonner l'heure de la réforme attendue depuis un siècle et que les progrès de la désorganisation générale avaient rendue de plus en plus nécessaire, mais aussi au moment où, dans la perte des traditions et dans l'absence de toute direction, l'esprit révolutionnaire allait ouvrir l'ère des catastrophes. La révolution a été prévue et prédite, longtemps avant l'événement, par la presque universalité des esprits éclairés, appartenant aux deux camps. Voltaire et Rousseau n'ont pas été les seuls à s'ériger en prophètes; Fénelon [1] et

1. Fénélon écrivait le 4 août 1710 à M. de Chevreuse :

« Vous me direz que Dieu soutiendra la France; mais je vous demande où est la promesse. Avez-vous quelque garant pour des miracles? Il vous en faut, pour vous soutenir comme en l'air. Les méritez-vous dans un temps où votre ruine prochaine et totale ne peut vous corriger?

« Non-seulement il s'agit de finir la guerre au dehors; mais il s'agit de rendre au-dedans du pain au peuple moribond, de rétablir l'agriculture et le commerce, de réformer le luxe qui gangrène toutes les mœurs de la nation, de se ressouvenir de la vraie forme du royaume...

« J'espère que Dieu sauvera la France, parce que j'espère qu'il aura pitié de la maison de saint Louis, et que, dans la conjoncture présente, la France est un grand appui de la catholicité; mais, après tout, ne nous flattons pas, Dieu n'a besoin de personne. »

beaucoup d'autres avaient dit déjà où le renversement des lois divines menait une nation, qui a toujours été si prompte à tirer les dernières conséquences de ses idées bonnes ou mauvaises. Fidèle à notre méthode, nous emprunterons à notre sujet un témoignage qui a sa valeur. Ainsi, le fils de d'Aguesseau, devenu doyen du Conseil d'Etat, ne se faisait pas illusion sur le péril public. L'éditeur qui, en 1789, publia enfin la Vie de Henri d'Aguesseau, consacrant quelques pages au fidèle héritier de sa belle tradition domestique, après nous avoir montré toute la maison de ce dernier comme « conservant l'heureuse simplicité des anciens, » après avoir parlé des vertus dont il avait donné l'exemple comme son père et son aïeul, nous initie à toutes ses douleurs intimes et patriotiques.

M. d'Aguesseau, dit-il, s'effrayait en voyant grandir ce désordre des mœurs, « qui mine sourdement les sociétés politiques, et amène enfin ces terribles catastrophes qui achèvent de les renverser. » — « Le luxe qui produit le raffinement des plaisirs factices et est un véritable abus de la richesse, le mépris des devoirs, l'esprit de cupidité qui fait servir le noble talent de penser et d'écrire à embellir les leçons du vice, en ne répandant du ridicule que sur la vertu, et corrompt la raison même par ses maximes, lui donnaient souvent les plus tristes idées de l'avenir... Les progrès si rapides et les fruits si amers de cette philosophie, inconnue à nos pères, qui ose traiter les idées sublimes de l'Évangile de vains préjugés, ses vérités de rêveries, ses préceptes d'institutions absurdes, qui détruit tout sans édifier, n'excitaient que trop les plaintes amères de M. d'Aguesseau de Fresnes... Ce digne magistrat était convaincu que la religion est le principal appui de l'obéissance, le meilleur garant des mœurs publiques, que ce n'est point la force qui règle la destinée des empires, mais la vertu affermie sur des bases solides et immuables. M. d'Aguesseau pouvait-il de sang-froid voir ces grandes vérités méconnues ou attaquées et ne pas craindre, en portant ses regards sur l'avenir, que la conspiration presque générale contre ces principes ne fût le présage d'une décadence peu éloignée ?

« Malgré ces justes alarmes, il n'était pas moins persuadé que, plus les jours devenaient mauvais, par le mépris de la règle des mœurs, plus l'homme d'Etat devait redoubler de zèle et d'efforts, pour raffermir ce qui est brisé, rétablir ce qui est détruit, réunir ce qui est divisé. L'heureuse organisation du royaume, ses ressources si multipliées, *tant de moyens de se réformer sans rien détruire*, étaient pour ce magistrat patriote des raisons puissantes qui ne permettaient point de désespérer de la chose publique... »

Il est difficile de n'être pas frappé des vérités renfermées dans ces pages; elles portent le millésime de 1789, et quatre-vingts ans de révolution ne les ont que trop justifiées. Nous les reproduisons ici, parce que, après avoir étudié l'aïeul et le père, il y a intérêt à voir les fruits de leurs éducations, à suivre leur tradition jusqu'au petit-fils.

Cette tradition portait alors en elle le salut; elle eût pu conjurer la catastrophe, elle seule peut prévenir les nouvelles qui nous menacent.

Pendant que les hauteurs sociales étaient livrées à la démoralisation, les profondeurs du pays recélaient d'admirables modèles, des familles dont les principes, les mœurs, le dévouement au bien, la sagesse exemplaire en un mot, étaient à la hauteur des vertus privées et publiques que vient de nous offrir celle des d'Aguesseau. Ces familles, si elles n'avaient été réduites à une douloureuse impuissance, eussent réappris à celles qui les avaient oubliées les grandes règles du vrai et du bien.

Or, si ces règles n'ont pas changé, les modèles

qui nous en redonneront l'intelligence pratique ne font pas non plus défaut. Il y a encore des foyers (et sur ce point les plus petits peuvent instruire les plus grands) qui gardent la coutume des ancêtres, et qui attestent par leur état prospère que le respect de Dieu et la fidélité à observer sa loi sont les plus sûres garanties du bonheur même en ce monde.

Les mœurs se sont purifiées dans l'élite des classes dirigeantes de notre temps; mais les lois, provoquées et produites par la corruption du dernier siècle, empêchent ces mœurs meilleures de fonder un ordre stable. Elles désorganisent fatalement le foyer et la propriété, et, au sein des classes populaires, le péril social s'aggrave de plus en plus avec cette désorganisation.

Puissent tant de beaux exemples, offerts par les modèles du passé, inspirer à notre génération la noble ambition de les imiter! Puisse l'œuvre de piété filiale, qui a rehaussé la gloire du chancelier d'Aguesseau et illustré sa mémoire, enseigner à nos contemporains où sont les sources de la grandeur morale et des progrès durables! Jusqu'à ce jour, elle a été trop peu connue, parce que les gros volumes auxquels elle se trouve incorporée ne sont pas accessibles à tous. En essayant de réaliser à son égard les vœux qui déterminèrent sa publication, nous n'avons que très-imparfaitement rempli notre tâche. Il nous a fallu laisser dans l'ombre la belle vie publique d'Henri d'Aguesseau [1], pour concentrer l'intérêt sur sa vie intime, et aussi sur les scènes d'intérieur où l'ordre domestique se traduit et se montre en action.

Nos lecteurs trouveront résumés en quelques pages [2] les traits essentiels : la religion dans la famille, l'autorité du père et de la mère, le sacerdoce qu'ils exercent, le respect qui les entoure, les principes et les règles en matière d'éducation, la forte instruction donnée au foyer, le gouvernement de ce foyer, la sollicitude affectueuse qu'y trouvent les serviteurs, la pratique de l'aumône, le dévouement au prochain et surtout à ceux qui souffrent, l'accomplissement du devoir testamentaire, la confiance mise par les enfants dans l'amour, la justice et la bonté des parents, l'esprit avec lequel ils exécutent leurs volontés dernières, reçoivent leur bénédiction et leurs suprêmes recommandations,

1. Notons ici que Henri d'Aguesseau fut le véritable créateur de l'Ordre de St-Louis, et qu'il en rédigea les statuts.

2. Ce ne sont en effet que des fragments d'une œuvre très-étendue. Celle-ci ne remplit pas moins de 160 pages, dans l'édition in-4 de 1789, et de 164, dans celle in-8 de 1819.

et recueillent jusqu'à leurs moindres avis et paroles prononcés au moment où ils vont rendre leur âme à Dieu.

L'histoire d'Henri d'Aguesseau reproduira et gravera ainsi, en traits ineffaçables, chacun des enseignements d'Antoine de Courtois. Nous avons entendu un père instruisant ses enfants. Un fils va nous dire comment il a été instruit par son père, et on jugera s'ils ne portent pas en eux et ne font pas briller à nos yeux le même rayon.

ENSEIGNEMENTS

DU CHANCELIER D'AGUESSEAU A SES ENFANTS

SUR LA VIE ET LA MORT DE SON PÈRE.

Je regarde, mes chers enfants, comme la plus douce et la plus solide consolation de ma disgrâce présente, le plaisir de vous parler de mon père, et de profiter du loisir qu'elle me donne pour la faire revivre en quelque manière à vos yeux, et vous offrir dans sa personne l'exemple le plus accompli que je puisse jamais vous proposer en tout genre de mérite et de vertu.

Je vous avouerai cependant, mes chers enfants, que vous n'êtes pas mon seul objet dans cet ouvrage. Je l'entreprends pour moi autant que pour vous, et je cherche bien moins à vous donner ici des leçons qu'à en recevoir de celui que je regarde comme votre maître et le mien. Je veux me remplir avec vous, me nourrir, et, si j'ose parler ainsi, me rassasier pleinement des vertus de mon père, l'étudier dès son enfance, le suivre pas à pas dans les progrès de son mérite comme dans ceux de ses années, le conduire avec vous jusqu'au moment douloureux de sa mort ; et plût à Dieu qu'il me fût possible de ne laisser échapper à votre instruction commune aucun jour d'une vie dont les moindres traits sont des modèles !

Vous n'y trouverez point ces faits singuliers, ces événements extraordinaires qui attachent l'attention d'un lecteur curieux, dont le cœur voudrait être ému par une histoire, comme il l'est par un spectacle.

Mais, en récompense, vous y verrez ce qui est peut-être encore plus rare, et sans doute plus intéressant pour vous et pour moi : un caractère suivi, toujours semblable à lui-même, et constamment soutenu depuis la première jeunesse jusqu'à la plus extrême vieillesse ; un esprit vaste, fécond, lumineux, aussi aimable par ses grâces naturelles qu'admirable par sa grande élévation, assez facile pour pouvoir dédaigner le secours du travail, et si laborieux qu'il semblait ignorer son heureuse facilité ; un cœur tendre, noble, généreux, toujours occupé des intérêts d'autrui et jamais des siens, sachant se rendre tout à tous par une charité qui ne connaissait de bornes que celles des besoins de l'humanité ; un homme simple, vrai, ennemi de toute ostentation, humble même jusqu'à l'excès si l'homme pouvait jamais être trop humble, respectable par sa sagesse, vénérable par sa sainteté ; en un mot, un homme orné de toutes les vertus, à qui il n'est presque échappé, durant le cours d'une longue vie, ni action ni parole qui n'aient été inspirées par la raison et consacrées par la religion.

Tel a été votre aïeul, mes chers enfants ; et telle est l'idée générale qu'il fallait d'abord vous donner de son caractère.

Il est temps de lever le voile dont sa modestie prenait un si grand soin de couvrir son mérite. Le public qui révérait sa vertu n'a connu que la moindre partie d'un si grand homme. Mon père aurait voulu pouvoir se dérober aux yeux même de ses enfants ; et c'était presque malgré lui qu'une longue habitude les mettait en état de pénétrer jusque dans le sanctuaire de cette âme vertueuse, qui n'avait rien à cacher aux hommes, mais qui ne voulait se montrer qu'à Dieu. Je remplirai donc un devoir de justice, en lui rendant après sa mort une partie de la gloire qu'il a méprisée pendant sa vie ; je la lui rendrais bien plus entière, sans cette même modestie que je loue ici presque à regret, et dont je me plaindrais bien plus volontiers en ce moment. De combien d'actions mémorables nous a-t-elle enlevé la connaissance ! Dieu, qui les a vues, en sera la récompense éternelle ; mais nous les ignorons, et elles manqueront toujours à notre instruction.

C'est ce qui m'excite encore plus à en recueillir les restes précieux, pour immortaliser sa mémoire dans ma famille avec ma juste reconnaissance ; heureux, si je pouvais employer pour lui tout ce que j'ai reçu de lui ! Je lui dois le peu que je suis, je lui dois même ce que je ne suis pas, puisqu'il n'a pas tenu à lui que je ne le fusse ; et, si je n'ai pas eu le mérite de répondre pleinement à ses soins, j'aurai au moins celui de le mettre à ma place et de vous dire, mes chers enfants : — Remontez directement à votre aïeul, oubliez le degré qui vous en sépare, et, vous rapprochant ainsi de ce grand exemple, rendez-vous dignes d'en profiter beaucoup mieux que celui qui n'est propre qu'à vous le montrer.....

I

Exempt de toute passion, on ne savait pas même s'il en avait jamais eu à combattre, tant la vertu régnait doucement et tranquillement dans son âme.

Je ne crois pas que l'amour du plaisir lui ait jamais fait perdre un seul moment de sa vie. Il semblait même qu'il n'eût pas besoin de délassement pour réparer les forces de son esprit, ou, s'il s'en permettait quelquefois, la lecture d'un historien ou d'un livre de belles-lettres, la conversation d'un ami, ou celle de ma mère, lui suffisaient pour renouveler son attention. Encore ces délassements étaient-ils si rares qu'on eût dit qu'il se les reprochait.

L'ambition ne troublait pas plus la tranquillité de son cœur. Il n'en avait jamais senti pour lui-même, et, dans l'établissement de ses enfants, il n'avait eu en vue que de les mettre à portée de servir le public et d'éviter le danger d'une vie douce et oisive, qu'il regardait comme l'état d'une tentation continuelle et universelle.

Comment la soif des richesses aurait-elle pu s'allumer dans une âme si généreuse...? Vingt ans passés laborieusement dans les plus grandes intendances, trente-et-une années de service au Conseil dans les emplois les pénibles et les plus utiles à l'État, ne lui ont pas fait naître la pensée de rien demander... Il est mort à quatre-vingt-un ans, sans avoir reçu aucune pension, aucune gratification extraordinaire; et l'on pourrait mettre sur son épitaphe ce que je crois avoir lu dans celle de M. de Harlay Sancy : *Nullâ laborum mercede, aut petitâ aut acceptâ*. Ses appointements mêmes, malgré la part qu'il avait à l'administration des finances et les occasions continuelles de travailler avec le Contrôleur général, étaient presque toujours les derniers payés. Je me souviens à ce sujet que M. Desmarets[1] me dit un jour, comme je me promenais avec lui dans son jardin : — « Il faut avouer que M. votre père est un homme bien extraordinaire. J'ai appris par hasard qu'il n'est pas payé

1. Nicolas Desmarets, neveu de Colbert, fut contrôleur général des finances de 1708 à 1715 jusqu'à la mort de Louis XIV, et par son administration il mit plus d'ordre dans les finances de l'Etat.

de ses appointements, quoiqu'il en ait besoin. Pourquoi ne le dit-il pas à moi qu'il voit tous les jours? Il sait bien qu'il n'y a personne à qui je fusse plus aise de faire plaisir. » — Je lui répondis en riant que ces appointements pourraient bien n'être pas sitôt payés, s'il attendait que mon père lui en parlât, et qu'il savait bien que c'était l'homme du monde à qui le mot *demander* coûtait le plus à prononcer. — « Il est vrai, me dit M. Desmarets, qu'il est d'une réserve et même d'une timidité sur ses intérêts, qui est trop parfaite pour le temps présent ; et le malheur de mon état est de se voir si souvent importuné par des gens qui demandent ce qui ne leur appartient pas, qu'à la fin on ne saurait croire qu'il puisse y avoir un homme qui ne demande pas même ce qui lui est dû le plus justement. Mais, puisqu'il y en a au moins un au monde, il s'apercevra bientôt que je pense plus à lui que lui-même. » Il y pensa en effet, et mon père sentit son attention comme s'il en avait reçu une grâce.

Quels défauts pouvait avoir un homme si insensible au plaisir, à l'ambition, à l'intérêt même le plus légitime ? Toutes les faiblesses humaines sont presque des suites de ces trois grandes passions, et il serait inutile d'en faire ici le triste dénombrement, pour vous dire, mes chers enfants, que votre aïeul n'en avait aucune. Despréaux le peignait donc d'après nature, lorsqu'il disait de lui : « *C'est un homme qui désespère l'humanité*... »

Il ne connaissait pas seulement la justice par la pénétration de son esprit ; il la sentait, pour ainsi dire, comme par l'instinct et le mouvement naturel de son cœur au-dessus des préjugés ou des préventions. S'il en avait quelqu'une, ce n'était que contre lui-même. Plein de défiance contre ses propres lumières, il craignait surtout l'illusion des premières pensées et le danger des jugements précipités. Chaque affaire était pesée au poids du sanctuaire, comme s'il n'en eût eu qu'une seule à juger. Sagement prodigue de son temps pour entendre les plaideurs, pour lire exactement leurs mémoires, sans avoir jamais l'esprit en repos jusqu'à ce qu'il fût entièrement fixé par l'éclat de la vérité ; c'était la seule agitation qu'il éprouvait en qualité de juge... Uniquement attentif à considérer les choses en elles-mêmes, il oubliait entièrement les noms et les personnes ; ou, si son cœur était quelquefois ému dans les fonctions de la justice, c'était lorsque le bon droit lui paraissait en péril, ou qu'il s'affligeait de le voir succomber. L'entêtement pour ses opinions, ou l'envie de dominer sur celles des autres, n'y avaient aucune part. Le pur zèle de la justice, un amour sincère de la vérité lui inspiraient alors des réflexions profondes, qu'il ne pouvait contenir au-dedans de lui-même, sur le danger de donner trop à l'esprit et à ce qu'on appelle le sens commun que chacun croit avoir et qui est si rare en effet, sur la nécessité de s'instruire à fond des principes du droit et de former sa raison en méditant à loisir sur celle des hommes les plus raisonnables. Le Conseil et surtout les jeunes M. D. R., ne fournissaient que trop de matières à de si utiles instructions.

Que ne puis-je vous les rendre comme je les ai reçues! Mais il y a suppléé par ses prières, et j'ai la consolation de voir que ceux de mes enfants qui se sont consacrés à la magistrature travaillent comme s'ils avaient eu le bonheur de les entendre.

Sa justice, respectable au-dedans, avait au-dehors l'extérieur le plus aimable. Sa douceur, son affabilité et sa patience étaient la consolation des plaideurs. Ils croyaient voir en lui une espèce de divinité bienfaisante qui se plaisait à essuyer les larmes des malheureux, qui ne cherchait qu'à adoucir leurs peines, à guérir leurs maux, et qui les soulageait dès le premier abord par la bonté même avec laquelle il les écoutait. A toute heure, à tous moments, sa porte s'ouvrait à tous ceux qui avaient besoin de son secours. Le riche n'avait pas plus de droits que le pauvre; et, si mon père avait quelque distinction à faire, le dernier aurait eu la préférence dans la promptitude de l'expédition.

Toujours juste à l'égard des autres, il ne cessait quelquefois de l'être que pour lui. Prêt à se condamner sur ses propres intérêts, la délicatesse de sa conscience le faisait alors douter contre la certitude même; et il était ingénieux à trouver des prétextes, pour rendre la condition de ceux avec qui il traitait plus avantageuse que souvent ils n'auraient osé le demander.

A une justice si pure se joignait la prudence la plus consommée. Nul esprit n'était plus pénétrant pour prévoir de loin tous les inconvénients, plus attentif à les prévenir, plus fécond en ressources pour les réparer. Il n'y avait guère de mal dont il n'aperçût bientôt le remède; les expédients les plus convenables semblaient se présenter à lui, sans qu'il eût presque la peine de les chercher, et le nœud le plus embarrassé trouvait aisément entre ses mains un dénouement aussi simple qu'imprévu,

Quoiqu'il fréquentât peu ce qu'on appelle le monde, il n'en connaissait pas moins les différents caractères ; ce qui est encore une grande partie de la prudence. Sa bonté ne nuisait point à la justesse de son discernement. Il s'abstenait volontiers de juger des autres, lorsqu'il n'était pas question d'agir, et, toujours en garde contre les jugements téméraires, il évitait même les jugements superflus ; mais, lorsqu'ils devenaient nécessaires pour se bien conduire dans une affaire importante, on s'apercevait qu'aucun défaut de ceux avec qui il traitait ne lui avait échappé... Personne n'a mieux connu les hommes, et personne n'en a moins parlé.

Une discrétion si parfaite rendait inutile auprès de lui cette industrie si commune dans les provinces, et surtout en Languedoc, pour pénétrer les secrets de son cœur. Sa candeur naturelle lui donnait pour amis tous ceux qui l'approchaient, sans que ses paroles lui aient jamais fait un seul ennemi ; sincère dans tout ce qu'il pouvait dire, mais impénétrable dans ce qu'il fallait taire nécessairement.

Ne croyez pas, mes chers enfants, que sa prudence et sa discrétion fussent en lui, comme elles le sont souvent dans d'autres, des vertus faibles et pusillanimes. On ne comprenait pas comment une âme aussi douce pouvait être en même temps si intrépide. Sous un extérieur modeste et qui paraissait timide par sa modestie même, il cachait la plus véritable fermeté. Je n'ai reconnu dans ses voyages, ni dans le reste de sa vie, aucune espèce de dangers qui fissent la moindre impression sur lui, lorsqu'ils étaient inévitables...

De ce mélange de justice, de prudence et de courage, naissait en lui cette égalité d'une âme parfaite qui se possédait toujours en paix, et qui ne connaissait pas plus les variations de l'humeur que le dérangement des passions. La partie sensible de son âme ne servait qu'à lui inspirer une affection tendre pour ses devoirs, comme la beauté de son imagination ne travaillait jamais que pour la vérité, pour la justice, pour la raison. Des incommodités fréquentes, une insomnie habituelle, une agitation souvent douloureuse dans son sang ne pouvaient déconcerter l'heureuse harmonie des mouvements de son cœur. Jamais corps ne fut plus agité que le sien, et jamais âme ne fut plus tranquille. On le retrouvait toujours tel qu'on l'avait laissé, toujours égal, toujours semblable à lui-même, toujours maître de son cœur et de son esprit.

De là ce fonds de modération qui le tenait dans un si juste milieu que jamais on ne le voyait s'élever par orgueil, ni se dégrader par faiblesse, ni se laisser emporter par une joie immodérée, ni s'abandonner à une tristesse excessive. La règle et le devoir, toujours présents à son esprit, le contenaient dans les bornes de la plus exacte sagesse ; et, pour définir son caractère, il aurait suffi de dire que c'était une raison vivante, qui animait un corps docile à ses leçons et accoutumé de bonne heure à porter sans effort le joug de la vertu.

De là, cette complaisance judicieuse et cette docilité éclairée qui charmaient tous ceux que ses emplois et ses différentes occupations associaient à ses travaux. On eût dit qu'il s'instruisait lui-même dans le temps que c'était lui qui instruisait. Toujours supérieur, sans jamais le faire sentir, et paraissant même l'ignorer, son premier mouvement le portait à croire que les autres avaient plus d'esprit que lui. Comme il ne cherchait que le vrai, il l'aurait reçu avec joie de la bouche d'un enfant même, et on le voyait quitter un avis pour en prendre un meilleur, avec une simplicité dont ceux qui travaillaient avec lui étaient encore plus étonnés que de l'étendue de ses lumières.

De ce même fonds de modération et de sagesse, venaient cette tempérance et cette frugalité, cette vie sobre et réglée qui auraient pu servir de modèle, non-seulement à des philosophes, mais aux religieux les plus parfaits.

La simplicité et l'égalité de son âme se faisaient sentir jusque dans celle de son goût et de son appétit. Les aliments les plus communs étaient les seuls qu'il aimait, toujours les mêmes et toujours dans la même quantité, en sorte que je ne crois pas qu'il ait jamais plus mangé un jour de sa vie que l'autre. Il mêlait si peu de vin avec son eau qu'il ne pouvait presque s'en apercevoir que par les yeux ; les tables les plus délicates ne dérangeaient point l'uniformité de ses repas; il craignait même de s'y trouver, non par la peine de résister à une tentation dont il n'était pas susceptible, mais par la perte du temps qui en est inséparable, et parce que l'attention qu'on y donne souvent à la bonne chère lui était à charge. Toujours dur à lui-même et ignorant presque tout ce qu'on appelle les commodités de la vie, il disait qu'il n'avait aucun mérite à s'en passer, parce que, ne les ayant jamais ni désirées, ni éprouvées, il n'en sentait point la privation.

Faut-il s'étonner, après cela, qu'un homme si

solidement vertueux ait soutenu, avec la même perfection, les différents caractères d'où naissent tous les devoirs de la société, et qu'il ait été non-seulement le plus digne magistrat, mais le citoyen, le mari, le père, le maître, l'ami le plus parfait et en même temps le plus aimable ?

Dans un corps faible et délicat, il portait une âme robuste et digne d'un véritable Romain, aimant sa patrie avec cette affection qui, selon Cicéron, renferme tous les autres amours. Dévoré continuellement par le zèle du bien public, ce n'est point une exagération de dire qu'il en était aussi occupé la nuit que le jour. Comme il dormait fort peu, l'objet ordinaire de ses soins ne lui échappait pas, même dans le temps le plus destiné au repos. Vivement sensible aux biens et aux maux de l'État, plus affligé des malheurs publics que de ses pertes domestiques, mais ennemi de toute ostentation dans les services qu'il rendait à l'État, il cherchait la satisfaction plutôt que la gloire de l'avoir servi, et il n'était jamais plus content que lorsqu'il pouvait goûter le plaisir, si peu connu de ceux mêmes qui passent pour bons citoyens, d'être l'auteur inconnu de la félicité publique.

C'est peut-être la moindre partie de son éloge d'avoir été aussi bon mari que bon citoyen. Il était né pour rendre heureuse toute femme qu'il aurait épousée; il était né même pour la rendre parfaite. Et qui aurait pu ne pas devenir raisonnable en passant sa vie avec la raison même? Mais le ciel ne lui avait rien laissé à faire, ni à désirer sur ce sujet. Il en avait reçu une femme si accomplie qu'on pouvait dire que lui seul était digne d'elle, comme elle seule était digne de lui [1]. Ils s'estimaient et s'aimaient réciproquement par la même estime et le même amour qu'ils avaient pour la vertu...

Ici, mes chers enfants, je suis obligé de rouvrir entièrement une plaie qui sera toujours mal

1. Le portrait et l'éloge que le Chancelier consacre à sa mère, Claire Le Picart de Perigny, se trouvent dans la première partie de ses enseignements à ses enfants. Il la leur offre aussi comme un parfait modèle à imiter. — « Ma mère avait un esprit vif et rapide. Sa religion était égale à celle de mon père, sans lui être exactement semblable. Elle était née avec plus de goût pour le monde; elle avait un air de dignité et un talent naturel pour la représentation, qui auraient pu faire le mérite d'une autre femme, mais qui ne servaient en elle que de matière aux efforts de la vertu et d'exercice à son humilité. Véritablement digne du nom de la femme forte, tout ce qu'elle avait de plus grand et de plus aimable, selon le monde, elle eut le courage de le sacrifier sans réserve à la religion. »

Ajoutons que cette femme éminente représentait, elle aussi, toute une belle tradition de famille. Elle était la petite-nièce d'Omer Talon.

fermée, pour vous faire en lui le portrait du meilleur père qui fut jamais. Quel père en effet ! Quel fonds de tendresse, d'attention, de vigilance, de sollicitude pour ses enfants ! Je ne crains point de dire, avec un cœur pénétré de reconnaissance, qu'il nous aimait sans comparaison plus que lui-même ; mais son amitié n'était point une affection aveugle...

Désirant la perfection de ses enfants beaucoup plus que leur fortune, à peine leur esprit commençait-il à se développer qu'il commençait aussi à jeter dans leur âme encore tendre les premières semences de la vertu, non de cette vertu qui ne fait tout au plus que l'honnête homme, mais de celle qui forme le chrétien, par les grandes idées de religion, sans laquelle mon père disait souvent qu'il ne peut y avoir de vertu sincère, solide et durable. Une précaution infinie pour éloigner de nous toute apparence de vice ou d'irréligion ; des lectures proportionnées à la mesure de notre raison ; des instructions courtes, mais pleines de sens et d'onction ; *des exemples, encore plus utiles que les paroles*, étaient les moyens qu'il employait continuellement pour nous inspirer la piété et l'amour du devoir. Il suffisait de le regarder, pour sentir naître en soi ces sentiments...

Il forma pour mon éducation un plan d'études si naturel, si simple, et en même temps si utile, que plusieurs de ses amis l'ont emprunté de lui, pour élever leurs enfants de la même manière. Mais, peu content de m'avoir ainsi tracé le chemin, il se dérobait souvent à ses plus importantes occupations, pour juger par lui-même de la fidélité avec laquelle je le suivais. C'est alors que par la justesse de son discernement, par la délicatesse de son goût, et encore plus par la vivacité de son sentiment pour le vrai, pour le juste, pour tout ce qui peut former le cœur autant que l'esprit, il m'inspirait une louable ardeur de suivre, au moins de loin, un père qui voulait bien marcher avec moi et redevenir enfant avec son fils, non pour ramasser des coquilles sur le bord de la mer, comme Scipion et Lélius, mais pour m'apprendre à devenir un homme savant et raisonnable.

Le temps de ses fréquents voyages était le plus favorable pour nous. Il nous menait presque toujours avec lui, et son carrosse devenait une espèce de classe, où nous avions le bonheur de travailler sous les yeux d'un si grand maître. On y observait une règle presque aussi uniforme que si nous eussions été dans le lieu de son séjour ordinaire.

Après la prière des voyageurs, par laquelle ma

mère commençait toujours sa marche, nous expliquions les auteurs grecs et latins, qui étaient l'objet actuel de notre étude. Mon père se plaisait à nous faire bien pénétrer le sens des passages les plus difficiles ; et ses réflexions nous étaient plus utiles que cette lecture même. Nous apprenions par cœur un certain nombre de vers qui excitaient en lui, lorsque nous les récitions, cette espèce d'enthousiasme qu'il avait naturellement pour la poésie ; souvent même il nous obligeait à traduire du français en latin, pour suppléer aux thèmes que le voyage ne permettait pas de faire. Une lecture commune de quelque livre d'histoire ou de morale succédait à ces exercices, ou bien chacun suivait son goût dans une lecture particulière : car une des choses qu'il nous inspirait le plus, sans l'exiger absolument, était que nous eussions quelque livre de choix pour le lire après nos études ordinaires, afin de nous accoutumer par là à nous passer du secours d'un maître, et à contracter, non-seulement l'habitude, mais l'amour du travail.

La raison, qui dirige également la vertu et la science, était si puissante chez lui qu'elle lui suffisait pour régner sans peine sur ses enfants. Il n'avait pas même besoin d'y joindre le secours des peines ou des récompenses : un visage plus sérieux qu'à l'ordinaire, un regard un peu sévère nous paraissait un véritable châtiment ; un air de satisfaction, une parole de louange, le moindre signe d'approbation, nous tenaient lieu de la plus grande récompense. Aussi nous faisait-il sentir, dès la première jeunesse, qu'une raison toujours égale, une vertu qui ne se dément jamais, exercent une autorité qui se suffit pleinement à elle-même, parce qu'on lui obéit par amour, par admiration, et que c'est presque toujours la faute de ceux qui gouvernent, s'ils ont besoin de multiplier les châtiments et les récompenses.

L'attention de mon père suivait le progrès de notre âge, nous la voyions croître avec nous. Les études d'un ordre supérieur trouvaient en lui une supériorité proportionnée. Sans avoir toutes les lumières d'un philosophe de profession, il connaissait mieux que personne le véritable usage de la philosophie..... Mais sa principale attention était de nous faire observer exactement les justes limites de la raison humaine, jusqu'où elle peut aller sans témérité, en quel endroit elle est obligée de s'arrêter et de se remettre entre les mains de la religion, qui seule peut la conduire à son véritable objet, et qui commence précisément où la raison finit.

C'était avec ces précautions qu'il me permettait de me livrer à l'étude de la philosophie ; et j'y trouvais tant de charmes que j'eus de la peine ensuite à goûter l'étude du droit romain. Mon père sut m'y ramener doucement et avec plaisir, en m'élevant au-dessus du droit positif, pour chercher dans les lois ces premiers principes, tirés de la nature de l'homme et du bien général de la société, qui rendent la science du droit aussi noble qu'utile. J'ai encore un écrit qu'il se donna la peine de faire pour m'initier dans la lecture du Digeste, où il me découvrait le véritable esprit dans lequel elle doit être faite, soit pour démêler dans le chaos des lois la pure lumière de la justice naturelle, soit pour bien sentir, d'un côté la nécessité et l'utilité, de l'autre les défauts et les inconvénients du droit positif, remontant comme par degrés jusqu'à la justice suprême et immuable, considérée dans sa source et dans le sein de Dieu même, qui seule peut nous consoler de l'imperfection des lois humaines par l'attente de cette lumière dont nous serons pénétrés, lorsque, suivant les paroles de saint Pierre par lesquelles mon père finissait son ouvrage, *novos cœlos, novam terram expectamus, in quibus justicia habitat*....

Après que j'eus achevé l'étude de la philosophie, il me fit employer une année entière à me fortifier dans l'étude des belles-lettres, par la lecture, par la traduction, et souvent par une imitation libre des plus grands originaux; exercice qu'il croyait plus propre qu'aucun autre à former le goût d'un jeune homme, en lui faisant prendre le caractère et comme le ton des maîtres de l'éloquence.

J'avais près de dix-neuf ans, lorsque je commençai l'étude de la jurisprudence, et plus de vingt-un, quand je fus reçu dans la charge d'avocat du Roi au Châtelet, qu'il regardait comme le noviciat le plus utile pour la jeunesse. Mais le plus avantageux de tous était celui que je faisais sous ses yeux.

Je ne finirais point, mes chers enfants, si je voulais vous expliquer ici en détail les secours infinis que j'ai reçus de lui dans l'exercice de toutes les charges que j'ai remplies successivement. Il me semblait, tant qu'il a vécu, que nulle difficulté, nul événement, nulle conjoncture ne pouvaient m'embarrasser; je recourais à lui comme à la source de la sagesse, de la prudence et du discernement exquis. Cet homme, qu'on accusait quelquefois de trop douter, ne me laissait plus aucun doute dans l'esprit; et, dégagé de toute inquiétude, je sortais d'auprès de lui avec une satisfaction et un repos intérieur, qui me mettaient en état d'employer librement le peu que j'avais de talents, pour faire usage des pensées que je tenais de mon père, ou qu'il avait affermies et fortifiées par la solidité de son jugement...

Dans la conduite de sa fortune particulière, il portait par raison le même esprit d'ordre et d'arrangement qu'il avait par inclination dans le soin de la fortune publique... S'il se reposait sur ma mère du détail de la dépense, il veillait avec elle à l'administration générale de son bien. Tous les ans, il s'en rendait un compte fidèle à lui-même; et, par le soin qu'il prenait de tenir un registre exact des changements qui arrivaient dans son patrimoine, il se formait chaque année un tableau successif de sa situation actuelle, sans aucun amour pour les richesses, sans trouble pour son état présent, sans sollicitude pour l'avenir... Il regardait cette attention comme un devoir pénible, mais nécessaire; et il nous disait souvent que tout homme sage était obligé de prendre un soin raisonnable de son bien, soit pour se mettre en état de pourvoir à l'établissement de ses enfants, de soutenir même les accidents imprévus, et d'assister surtout les pauvres dans leurs besoins, qui était un des principaux objets de sa noble et vertueuse économie.

Je souhaite, mes chers enfants, que vous profitiez mieux que moi de ces sages leçons. J'ai eu le bonheur de trouver une femme qui m'a épargné l'embarras de les suivre, et dont la conduite a justifié ma confiance encore plus que ma paresse. Mais, comme vous ne devez pas compter absolument sur un pareil bonheur, j'ai cru vous devoir rapporter cette instruction de mon père, au hasard que vous vous en serviez pour me faire mon procès sur le peu d'attention que je donne à mes affaires.

Un tel père de famille était né pour rendre ses domestiques presque aussi heureux que ses enfants. Il les traitait en effet moins en maître qu'en père, d'autant plus commode à servir que, comme je l'ai déjà dit, il ignorait presque l'usage des commodités de la vie.

Un homme qui se réduisait en tout au nécessaire ne pouvait jamais être difficile à contenter. Ceux qui le servaient n'avaient pas plus à craindre son humeur que sa délicatesse : il lui en coûtait pour prendre sur lui la résolution de les gronder quand ils manquaient à leurs devoirs, et il souffrait plus en les reprenant que ceux mêmes qu'il reprenait. Sa principale attention, comme celle de ma mère, était de veiller sur leurs mœurs, de les faire instruire de la religion, de leur apprendre à connaître et à servir le seul maître véritable. Mais le soin qu'il prenait du spirituel ne lui faisait point négliger ce qui regardait leur établissement temporel. Ils le trouvaient toujours prêt à entrer dans leurs besoins, et à leur donner tous les secours de libéralité ou de protection que de bons domestiques peuvent attendre d'un bon maître. Sa charité pour eux s'étendait bien au delà des bornes de leur service : il cessait d'être leur maître, et il demeurait toujours leur conseil, leur appui, leur bienfaiteur.

Je voudrais à présent pouvoir faire parler ici ses amis, pour vous dire, mes chers enfants, combien ils ont trouvé de ressources et de charmes dans son amitié. La justesse de son discernement et la connaissance du monde lui avaient appris combien il est difficile d'avoir un grand nombre d'amis; mais, après les avoir bien choisis, il se livrait à eux avec la plus aimable simplicité, et il ne méritait pas moins leur confiance par la sûreté que par la tendresse de son amitié... Il ne leur arrivait rien dont il ne fût plus occupé qu'ils ne pouvaient l'être. Non-seulement il agissait, mais il pensait pour eux; il prévoyait de loin les embarras dans lesquels ils pouvaient se trouver, il prévenait jusqu'à leurs désirs, et rien ne le flattait davantage que le plaisir de pouvoir les surprendre agréablement, en leur apprenant qu'il avait fait pour eux ce qu'eux-mêmes n'avaient pas encore pensé à demander. Libéral de son temps en leur faveur, quoique ce fût le seul bien dont il fût naturellement avare, il semblait n'avoir jamais rien à faire lorsqu'ils venaient le consulter, et il se prêtait à eux de si bonne foi que l'on eût dit qu'il n'était au monde que pour eux.....

Il aurait eu naturellement une pente secrète pour la plaisanterie, et il y aurait réussi comme dans tout le reste s'il n'avait méprisé, ou plutôt étouffé en lui ce talent. On s'en apercevait quelquefois par des traits d'une raillerie si fine, et en même temps si douce, qu'elle charmait ceux mêmes sur qui elle tombait. Mais il se permettait rarement ces sortes de traits qui, cependant, ne portaient presque jamais que sur ses enfants ou ses meilleurs amis, et pour l'ordinaire on ne remarquait la délicatesse de sa critique que par un sourire presque insensible...

Il est surprenant qu'un homme si sérieusement occupé de ses devoirs et si attentif à être toujours en garde contre lui-même, ait pu conserver jusqu'à la fin de sa vie un fonds de joie et même de gaîté, que de longues infirmités ne pouvaient altérer.

Personne ne riait de meilleur cœur que lui, et il le faisait avec toute la simplicité d'un enfant, ou plutôt avec cette paix et cette sérénité que la bonne conscience inspire à une âme innocente. Aussi avait-il encore, dans la plus extrême vieillesse, une fleur et une délicatesse d'esprit qui se serait fait admirer dans la plus vive jeunesse. Il n'avait pas même perdu le talent de faire des vers, qui lui était naturel, quoiqu'il ne se fût guère permis de le cultiver; et vous n'avez peut-être pas oublié, mes chers enfants, que, peu de temps avant sa mort, quelqu'un de nous ayant fait, en badinant, un couplet de chanson sur Mme Le Guerchois [1], mon père y répondit pour elle par un autre qu'il confia en secret à Mme la Chancelière, à condition qu'elle n'en nommerait pas l'auteur; mais le couplet était si bien tourné qu'on n'eut pas de peine à le deviner. Des esprits plus austères que le mien regarderaient peut-être ce récit comme peu digne d'entrer dans la vie d'un si grave magistrat; mais lorsque ces sortes de traits ne servent qu'à donner des grâces à la plus solide vertu, ils embellissent le portrait bien loin de le défigurer...

1. Une des sœurs du Chancelier.

Mais il est temps de reprendre un ton plus sérieux, pour achever ici la dernière partie de son caractère. Nous avons d'abord admiré l'homme d'esprit dans mon père, nous venons d'y respecter le sage, il ne nous reste plus que d'y révérer le chrétien, qui était chez lui autant au-dessus de l'honnête homme, selon le monde, que la religion est au-dessus de l'humanité.

La piété n'était presque pas un bien acquis chez mon père, elle était née pour ainsi dire avec lui. Dieu l'avait prévenu de ses bénédictions dès sa plus tendre enfance. Ceux qui l'avaient connu dès le collége, ou dans sa plus tendre jeunesse, n'ont pas moins respecté la pureté de ses mœurs que ceux qui n'ont pu voir que les dernières années de sa vie; et tous l'ont regardé comme étant du petit nombre de ces âmes privilégiées, qui ont le bonheur de porter aux pieds du trône de l'Agneau sans tache cette robe d'innocence qu'ils en ont reçue dans le baptême.

On ne le vit donc point se livrer plus au monde dans un âge que dans un autre. Toujours également éloigné d'une vie de plaisirs et d'amusements, toujours éloigné de la moindre apparence du vice, toujours fidèle aux mêmes exercices de vertu, il n'eut point à déplorer dans sa vieillesse les égarements ou l'ignorance de la jeunesse...

L'Écriture sainte, qu'il méditait le jour et la nuit (surtout le Nouveau Testament), lui était devenue si familière qu'on ne pouvait presque en commencer un passage devant lui, que son cœur n'achevât encore plus que sa mémoire. Il la lisait, non avec la curiosité souvent téméraire et malheureuse d'un savant ou d'un philosophe, mais avec la foi, la ferveur, la docilité d'un humble chrétien ; il ne cherchait à y connaître que la grandeur de Dieu et la bassesse de l'homme. Dieu qui cache ses mystères aux superbes, et qui les révèle aux humbles, semblait l'instruire lui-même et lui découvrir, dans la lecture des Livres saints, toute la profondeur des vérités nécessaires au salut. Un verset de l'Écriture était pour lui véritablement le pain des forts, où il trouvait une nourriture abondante, par l'attention qu'il avait à en pénétrer toute la substance, à se l'approprier, et, pour ainsi dire, à se l'incorporer tout entière pour ne plus vivre que de la vie de Jésus-Christ...

La grandeur de la foi dont mon père était animé en égalait la soumission et la simplicité; il n'était pas du nombre de ceux qui ne pensent à Dieu que dans le moment de la prière ou d'un autre acte de religion. Il pouvait dire comme David : « *J'avais toujours le Seigneur devant mes yeux, il est à ma droite, afin que je ne sois pas ébranlé.* » La loi de Dieu continuellement présente à son esprit était la lumière qui éclairait ses pas, la règle de ses discours, l'âme de toutes ses actions. Il en était si fortement occupé qu'il y rapportait tous les événements, et qu'il n'y en avait point de si éloigné qu'il ne ramenât à la religion. Il parlait peu sur tout le reste, si ce n'est lorsque la justice, la charité ou l'amitié l'exigeaient de lui; mais, dès le moment que la conversation tombait sur quelque vérité chrétienne, on eût dit que son cœur se dilatait et que ses expressions ne pouvaient suffire à ses sentiments. C'était en effet le fond de son âme qui se répandait au dehors, avec une lumière si pure et une attention si pénétrante, qu'il aurait fallu avoir le cœur bien dur pour l'entendre sans être touché du désir de devenir homme de bien.

Le recueillement et l'ardeur qu'on remarquait en lui, lorsqu'il priait Dieu, et surtout au saint sacrifice de la messe, sont au-dessus de toute expression. Confondu souvent dans la foule du peuple, ou caché dans le coin obscur d'une chapelle, il paraissait comme anéanti devant la majesté du

Dieu vivant; on eût dit que sa foi le faisait jouir par avance des biens que nous espérons, et que, semblable à Moïse, il était aussi pénétré de la présence de Dieu que s'il eût vu l'invisible...

Il avait reçu de la nature un cœur délicat et sensible, avec un sang vif qui s'allumait aisément; et, comme la promptitude n'est pas incompatible avec la plus grande bonté, il aurait pu être fort prompt, s'il se fût laissé aller à son tempérament; mais ce n'était que son visage qui trahissait malgré lui une émotion entièrement involontaire. On le voyait rougir et se taire, dans le même moment, la partie supérieure de son âme laissant passer ce premier feu sans rien dire, pour rétablir aussitôt le calme dans la partie sensible... Les surprises de la douleur même le trouvaient toujours prêt à leur résister. Il eut une fois deux doigts de la main droite presque entièrement écrasés dans une porte cochère qu'on ferma brusquement sur lui. On lui fit d'abord tremper ses doigts, qui en avaient à peine la figure, dans une tasse pleine d'eau-de-vie. Je le trouvai dans cet état; il ne lui échappait pas seulement un soupir, il racontait son aventure avec le même sang-froid que s'il n'eût senti aucune douleur... Si quelquefois, dans les accès d'un rhumatisme violent ou des autres maux qu'il a éprouvés, il lui échappait de se plaindre légèrement, il sortait de sa plainte même une prière fervente, pour demander à Dieu la grâce de souffrir avec foi et avec une soumission parfaite à ses ordres. Sa patience n'était donc point une disposition purement philosophique..... Connaissant toute l'impuissance de la sagesse humaine, pour résister à la douleur, il levait les yeux vers le ciel d'où il attendait tout son secours.

Un saint disait que la mesure d'aimer Dieu est de l'aimer sans mesure, et je puis dire, avec vérité, que mon père n'en connaissait point d'autre. Il avait mérité par son innocence de sentir combien le Seigneur est doux à ceux qui mettent en lui toute leur espérance. Mais, plus il aimait Dieu et le trouvait digne d'être aimé, plus il se reprochait de ne pas l'aimer encore assez, et il se plaignait de sa tiédeur, pendant que les âmes les plus parfaites portaient envie à la ferveur de son amour.

Un cœur si pénétré de ces sentiments pour Dieu ne devait pas avoir un amour moins tendre ni moins sévère pour le prochain. Il l'aimait non-seulement comme lui-même, mais plus que lui-même. Il me semblait, en le voyant, que je concevais aisément tous les caractères que saint Paul attribue à la charité, et qui distinguaient les premiers chrétiens, dont M. de Pomponne [1] disait que la vue de mon père lui rappelait toujours l'idée. J'y voyais, en effet, une charité douce, patiente, équitable, qui croyait tout, qui espérait tout, qui supportait tout...; charité désintéressée et universelle qui s'étendait à tous les besoins, qui semblait se multiplier avec les différents genres de misère, et qui le portait continuellement à faire l'aumône, pour ainsi dire, de son temps, de ses lumières, de son crédit, autant que de ses biens mêmes. Plus content et plus satisfait, lorsqu'il avait consolé une famille affligée, ou qu'il l'avait aidée, soutenue, relevée par ses conseils, que s'il avait procuré à la sienne la fortune la plus digne d'envie...

Il était si vivement touché de compassion pour les pauvres, que son cœur ne pouvait avoir aucun repos jusqu'à ce qu'il eût eu la consolation de les assister. J'ai ouï dire à ma mère qu'elle l'avait vu plusieurs fois revenir triste chez lui, parce qu'il avait entendu faire le récit de la triste situation où

1. Simon Arnauld, marquis de Pomponne, fils de Robert Arnauld d'Andilly, ministre des affaires étrangères de 1691 à 1699, année de sa mort, et un des hommes d'État les plus intègres du règne de Louis XIV.

se trouvait une personne ou une famille, qui souvent lui était inconnue, et qu'il ne savait s'il aurait de quoi la secourir. Il tournait son esprit de tous côtés, pour trouver par une pieuse industrie de quoi lui fournir un secours suffisant, et ma mère, qui avait le cœur aussi grand que lui, semblait rendre le calme à son âme agitée, lorsqu'elle avait pu lui découvrir une source inconnue à sa charité.

Sa fortune avait été pendant longtemps plus que médiocre, et elle semblait diminuer, à mesure que le nombre de ses enfants augmentait. Son bien avait souffert de grands retranchements; et, sur ses charges seules, mon père avait perdu plus de 250,000 livres. Les pauvres ne s'en aperçurent jamais, et il n'en répandit pas moins libéralement ses aumônes, content de laisser à ses enfants un patrimoine de vertus, d'honneur, de capacité, qui pût les dédommager un jour avec usure des injustices de la fortune; mais personne n'a plus éprouvé la vérité de cette parole : « *Cherchez premièrement le royaume de Dieu et sa justice*, *et le reste vous sera donné par surcroît.* »

Deux successions considérables, qui tombèrent dans sa famille, réparèrent ses pertes passées ; et, les revenus dont il jouissait comme conseiller au Conseil royal le mettant en état de faire tous les ans quelque épargne modérée, il mourut beaucoup plus riche qu'il ne l'était lorsqu'il se maria. Dieu se plaisait ainsi à verser ses bénédictions temporelles sur celui qui ne pensait qu'à mériter les éternelles, et qui portait si loin le désintéressement qu'il s'exposa à perdre une des deux successions dont je viens de parler, pour avoir eu la délicatesse de ne pas vouloir accepter le dépôt du testament de M. de Piseux, son cousin germain, où mon frère de Valjouan était institué légataire universel : délicatesse qui fut cause que le testament pensa être supprimé.

C'était aussi une chose admirable que la confiance de mon père et de ma mère dans les secours inespérés de la Providence. Ils m'ont dit souvent qu'ils en avaient reçu des marques si sensibles, et en tant d'occasions différentes, qu'ils ne pouvaient pas hésiter un moment à se priver même du nécessaire, en certaines conjonctures, pour le donner aux pauvres.

Leur règle ordinaire était de réserver, pour l'exercice continuel de leur charité, la dîme de tout ce qu'ils recevaient, et, à la fin de l'année, après avoir vu ce qui leur restait de leur revenu, et ce qu'ils pouvaient employer en fonds pour augmenter le patrimoine de leur famille, ils comptaient les pauvres pour un de leurs enfants : en sorte que, s'ils avaient 10,000 livres à placer, ils n'en plaçaient que huit et en donnaient deux aux pauvres qu'ils regardaient comme leur propre sang, par une adoption sainte et glorieuse pour ceux qui mettent Jésus-Christ même du nombre de leurs enfants. Mais les calamités publiques et particulières augmentaient presque toujours la part des pauvres bien au-delà de cette proportion ; et nous avons vu, par les registres de mon père, qu'il y avait eu des années où leurs aumônes avaient passé 22,000 livres, c'est-à dire le tiers du revenu dont ils pouvaient jouir.

Ils regardaient l'aumône comme une dette si privilégiée que les besoins des pauvres l'emportaient souvent sur leurs propres besoins, et sur ceux même qui étaient les plus pressants. Ma mère avait un carrosse qui ne pouvait plus lui servir, non-seulement avec bienséance, mais avec sûreté. Une province désolée par la grêle, ou par un autre fléau du ciel, reçut tout l'argent qu'elle avait destiné à acheter un autre carrosse, et elle se réduisit à faire réparer le sien, autant qu'il fut possible, pour attendre que la misère des pauvres lui permît de faire cette dépense. Une autre fois, elle s'était réservé une somme pour acheter un meuble qui lui était nécessaire; mais une famine dont le Limousin fut affligé lui fit oublier le besoin qu'elle avait de ce meuble; et, comme de pareils malheurs se succédèrent les années suivantes, elle est morte sans avoir pu se le donner.

Autant mon père et ma mère étaient sagement prodigues de leur bien, pour en faire de si grandes libéralités, autant étaient-ils attentifs à les cacher aux yeux des hommes. Ils n'en montraient qu'autant qu'il le fallait pour l'exemple, le reste n'était connu que de Dieu ou d'un petit nombre de confidents nécessaires de leur charité : à cela près, leur main gauche, suivant le précepte de l'Evangile, ne savait pas ce que faisait leur main droite. Ma mère observait si exactement cette règle qu'elle sortait souvent seule le matin, sans aucun domestique, et vêtue comme la plus simple bourgeoise, pour aller visiter les pauvres et juger par ses yeux de leur nécessité. Assez courageuse, malgré son extrême délicatesse, pour monter jusque dans des galetas obscurs où la plus grande misère cache ses souffrances, et avoir le plaisir de mettre son aumône elle-même dans la main du pauvre, de retirer un malade des portes de la mort, de dérober une fille bien née à la tentation de la pauvreté et de consoler toute une famille malheureuse, autant par sa présence et par ses avis charitables que par l'abondance d'une charité inespérée...

La modestie si parfaite de mon père le rendait naturellement ennemi du faste. Il sut conserver, au milieu d'un siècle où chacun semblait oublier les bornes de son état, toute la simplicité qui convient à la magistrature, et opposer au moins son exemple à l'excès d'un luxe indécent, par lequel elle s'est avilie au lieu de s'ennoblir.

Sa maison, ses meubles, sa table, ses équipages, étaient, pour me servir ici d'un mot de Cicéron, comme une espèce de philosophie, qui semblait reprocher à ses égaux la folie d'une magnificence, encore plus contraire à leur profession qu'onéreuse à leur fortune. Il pesait dans la balance la plus exacte ce qu'il devait à la dignité de son état, sans blesser les lois d'une modestie chrétienne; mais, comme il est souvent difficile d'y observer un juste milieu, il avait pour principe d'être plutôt en-deçà qu'au-delà des bornes, et il aimait mieux qu'on eût à lui reprocher la modération que l'excès. Ainsi, lorsqu'il fût admis au Conseil royal, il conserva son usage de n'aller à Versailles qu'à deux chevaux, contre l'exemple de ceux qui ont été ses collègues ou ses prédécesseurs....

Telles ont été les mœurs et les vertus de votre aïeul, mes chers enfants. L'âge augmentait en lui ces saintes dispositions, dans le temps même qu'il semblait qu'elles ne pussent plus croître. Chaque année, chaque jour le trouvaient plus détaché de la terre, plus élevé vers le ciel ; et, à mesure qu'il avançait dans sa carrière, il redoublait son ardeur pour arriver au terme unique de ses désirs.

J'ai vu des gens de bien, étonnés de ce qu'un homme d'une si grande vertu n'avait pas pris, à la fin de ses jours, le parti de se retirer entièrement du monde, pour n'être plus occupé que des années éternelles; mais, sans vouloir diminuer le prix de ces retraites éclatantes, dont je respecte la sainteté et dont j'envie le bonheur, je ne craindrai point de mettre au-dessus une vertu qui n'a pas eu besoin de ce secours, pour achever de se purifier. Il est grand de s'arracher au monde, pour s'ensevelir tout vivant dans une profonde solitude; mais il est plus difficile, et, par cette raison même, il est peut-être encore plus grand de savoir se faire une solitude aussi sainte au milieu du monde, et d'y éviter tout ce que les autres ne peuvent fuir qu'en le quittant. Je ne doute pas que mon père n'ait eu plus d'une fois la pensée de la retraite, et il lui est échappé des discours qui le faisaient assez entendre ; mais Dieu, qui avait pris M. de Fieubet, pour le mettre en sûreté dans le désert des Camaldules, semblait retenir visiblement mon père dans le monde..., afin que, continuant toujours de servir le public, sans se nuire jamais à lui-même, il arrivât tranquillement à son dernier terme dans le sein d'une famille qu'il consolait, qu'il édifiait, qu'il unissait par sa présence, et qu'il devait instruire par la sainteté de sa mort, comme il l'avait instruite par celle de sa vie.

II

Me voici enfin parvenu à ce moment où je désire depuis si longtemps d'arriver, et où je dois me rappeler avec vous les circonstances d'une mort si précieuse aux yeux de Dieu, mais si triste et si douloureuse pour nous.

Il était attaqué presque tous les hivers, dans les dernières années de sa vie, d'un rhume violent et opiniâtre qui ne se dissipait entièrement qu'au retour du printemps. Il en fut accablé au commencement de l'année 1716, et, vers le mois de mars, il tomba dans un si grand abattement que nous commençâmes à en craindre les suites.

Nous eûmes cependant bien de la peine à obtenir de lui qu'il voulût voir un médecin... Celui-ci n'eut pas plutôt vu mon père qu'il nous confirma dans le triste soupçon, où nous étions déjà, que la véritable nature du mal était un ulcère au poumon; mais, comme les médecins sont toujours riches en espérances, il nous assura, et il disait assez vrai, qu'il en avait guéri plusieurs malades dans un âge aussi avancé. Il nous fit espérer du moins qu'il le ferait vivre longtemps en cet état. Le succès parut d'abord répondre à ses promesses ; mon père se trouva considérablement soulagé. Ses forces revinrent, sa toux s'apaisa, il dormit mieux qu'il n'avait fait; mais le fond du mal subsistait toujours, et tout l'effet du remède se réduisit à lui faire passer assez doucement les six derniers mois qui précédèrent sa mort.

On se flattait néanmoins, comme cela arrive toujours dans les longues infirmités, et nous croyions n'avoir rien à craindre jusqu'au temps du grand froid. J'étais allé à Fresnes dans cette confiance ; je vins à Paris le jour de la Saint-Martin; je trouvai mon père dans le même état où je l'avais laissé. Je n'y aperçus encore aucun changement le lendemain en dînant avec lui, si ce n'est qu'il me parut plus pâle qu'à son ordinaire ; mais le soir, en rentrant chez moi, je fus surpris d'apprendre qu'un moment après que je l'avais eu quitté, il s'était plaint d'une douleur dans les entrailles. Le frisson s'y était joint, et la fièvre s'était déclarée si violemment que son médecin l'avait fait saigner, lorsque j'y arrivai...

Le mal n'augmenta pas, le reste de la soirée.

Mon père ayant été obligé de se lever, la bande qu'on avait mise à son bras après la saignée se délia, et il vit couler de nouveau son sang avec joie; il aimait naturellement la saignée, et il la soutenait à l'âge de quatre-vingts ans, comme s'il n'en avait eu que vingt-cinq.

La nuit se passa assez tranquillement; mais le lendemain qui était un vendredi, la fièvre continua avec les mêmes douleurs et un embarras qui commençait à se former dans la poitrine. Le samedi ne fut pas plus orageux que le vendredi; mais, sur les neuf heures du soir, nous crûmes apercevoir un commencement de rêveries et des mouvements involontaires dans les bras, avec un pouls intermittent. Le médecin trouva le mal considérablement augmenté; et je crus, comme le reste de la famille, qu'il ne fallait pas perdre de temps à lui proposer de recevoir les sacrements de l'Église, qu'il aurait demandés lui-même avec ardeur, s'il s'était senti aussi mal qu'il nous le paraissait.

J'envoyai donc chercher son confesseur, M. Guyart, qui était le sous-vicaire de Saint-André, homme d'une grande vertu et d'une aussi grande simplicité...

Ce saint prêtre, qui admirait son pénitent et

qui a fait une relation exacte de la mort de mon père, pour sa propre édification, a cru devoir y attester (et lui seul pouvait le savoir) que mon père, qui ne se satisfaisait jamais lui-même sur ce qu'il devait à Dieu, avait fait dans ses dernières confessions la revue la plus exacte de tout ce qui pouvait lui donner la moindre inquiétude dans sa vie passée, et dont cependant il s'était déjà accusé plus d'une fois dans ses confessions particulières ou générales, mais surtout dans celle qu'il avait faite au dernier jubilé. L'extrême délicatesse de sa conscience le tenait dans une défiance si continuelle de lui-même, qu'il pouvait dire comme le saint homme Job : *Verebar omnia opera mea, sciens quod non parceres delinquenti*, et qu'il devenait une preuve vivante de la sincérité avec laquelle les plus grands saints disaient souvent qu'ils n'étaient que des pêcheurs. C'est son confesseur qui nous parle ici, mes chers enfants ; je ne fais qu'abréger ses impressions, et je ne suis pas fâché d'avoir interrompu un instant la suite de mon récit, par un témoignage non suspect, pour vous montrer que ma tendresse ne m'a point séduit dans le portrait que je vous ai fait de la religion et de la sainteté de mon père.

C'est lui-même qui nous dit aussi que, pendant

que nous étions allés à l'église pour chercher le saint sacrement, mon père consomma son sacrifice par des actes de foi, de charité, de soumission à la volonté de Dieu, dont l'exercice lui était familier.

On lui administra l'extrême-onction qu'il voulut recevoir avant le viatique, suivant l'esprit de l'Église; et, pendant qu'on appliquait les saintes huiles sur les organes des sens, il appela son confesseur, qui nous a appris, depuis sa mort, que la profonde humilité de mon père avait presque troublé son âme, en ce moment, par le souvenir du grand nombre de fautes qu'il se reprochait seul d'avoir commises, par ses yeux, par ses oreilles, par sa langue. Écoutons encore ici le confesseur, il parlera beaucoup mieux que moi : — « Je crus, dit-il dans sa narration, entendre saint Ephrem, lorsqu'il disait, en se recommandant aux prières des fidèles, qu'il avait fort aimé le monde et qu'il s'était trop attaché à la vanité. Je fus effrayé en même temps de l'insensibilité de tant de pécheurs que nous voyons mourir en paix, pendant que les justes se troublent après une vie pleine de bonnes œuvres. Je priai donc notre saint malade de ne point s'inquiéter, et de faire réflexion que l'onction sainte qu'il venait de recevoir lui était donnée pour effacer les restes du péché, et pour achever de préparer l'entrée de son âme à Jésus-Christ.

Il le reçut, un moment après, avec autant de ferveur que s'il l'eût déjà vu, sans ombre et sans nuages, dans le séjour de la gloire. Nous nous approchâmes tous de son lit, enfants et petits-enfants, fondant en larmes, pour lui demander sa bénédiction. Ce fut alors que, vraiment semblable au patriarche Jacob, et rempli de l'esprit de Dieu qu'il portait dans son sein, il rappela ses forces abattues pour nous souhaiter, non-seulement les bénédictions de la terre, mais celles du ciel, dans ces termes que Mme Le Guerchois eut le courage d'écrire un moment après.

« *Je prie Dieu, mes chers enfants, de vous conserver, de vous donner à chacun ce qui vous convient, suivant la condition où vous êtes, de vous faire à tous la grâce de vous attacher à vos devoirs, de les remplir selon son esprit et de vivre selon les règles de l'Evangile. Lisez-en tous les jours quelque chose; méditez ce que vous en lirez, et n'entreprenez jamais rien par ambition, ni par vanité. Ne vous attachez point à la vie présente; mais pensez qu'il y en a une après celle-ci qui est éternelle, que la vie dont vous jouissez est courte, qu'elle passe promptement, et qu'elle nous conduit à une vie heureuse ou malheureuse qui ne finira jamais. Je ne saurais vous en dire davantage, et j'ai même bien de la peine à achever ces paroles.* »

Il fit néanmoins encore un nouvel effort, et, étendant ses mains hors de son lit, il nous dit : — « *Je vais vous donner ma bénédiction. Je vous la donne comme votre père ; mais vous en avez un autre dans le ciel à qui il faut la demander ; je le prie de tout cœur de vous la donner.* » Et, levant les yeux au ciel, il bénit toute sa famille, en faisant sur elle le signe de la croix. Nous ne pûmes lui répondre qu'en baisant tendrement ses mains vénérables, avec un sentiment mêlé de douleur, de respect et d'admiration, qui nous mettait comme hors de nous-mêmes.

Mon frère de Valjouan fut le seul de ses enfants qui ne put d'abord avoir la consolation de recevoir une bénédiction si touchante. Des affaires, qui demandaient sa présence, l'avaient obligé d'aller faire un voyage de quelques jours dans l'Orléanais. Mme Le Guerchois lui avait écrit dès le second jour de la maladie de mon père ; mais il ne reçut point la lettre par le contre-temps de sa marche qu'on ne pouvait prévoir. Heureusement un courrier, que nous fîmes partir cette nuit même, le trouva à Orléans le dimanche matin, et il arriva la nuit suivante pour partager avec nous les bénédictions de mon père et notre douleur.

Mon père se trouva un peu mieux pendant tout le jour. Nous fûmes surpris de lui entendre dire, sur les trois heures après midi, qu'il voulait se lever pour mettre un dernier ordre à des papiers que lui seul pouvait arranger, et nous comprîmes bien par là qu'il ne pensait plus à la vie. M. Guyart lui représenta que, dans la faiblesse où il était, ce mouvement pouvait lui être fatal, qu'il n'avait qu'à se faire apporter ses papiers et qu'il les arrangerait lui-même sur son lit. Le père de La Tour, général de la congrégation de l'Oratoire, qui était alors dans sa chambre, se joignit au confesseur, comme nous l'en avions prié, pour déterminer mon père à cette pensée ; mais leurs représentations furent inutiles. Il leur répondit d'un ton assuré qu'il était absolument nécessaire qu'il se levât et qu'il espérait que Dieu lui donnerait la force dont il avait besoin, dans une action que son devoir exigeait de lui. Il fallut donc le laisser faire, et nous ne crûmes pas devoir nous opposer davantage à la volonté d'un père, que Dieu conduisait si visiblement dans toutes ses démarches.

Il se leva, et il alla à son bureau d'un pas ferme et assuré qui nous causa autant de joie que d'étonnement. Nous nous retirâmes tous par respect ; mais il retint Mme la Chancelière avec lui, qui lui témoigna le plaisir qu'elle avait de lui trouver encore tant de force, après la manière dont il avait passé la nuit.

Il lui répondit qu'en effet il se sentait plus fort qu'on ne pensait : « *Vous vous êtes tous*, dit-il, *bien alarmés cette nuit, et je n'en suis point fâché. Je suis ravi, au contraire, d'avoir des enfants si touchés du soin de mon salut ; mais, puisque Dieu me laisse le temps de mettre ordre à mes affaires, il faut que j'en profite pour vous expliquer toutes mes intentions, afin que rien ne puisse troubler après ma mort la paix et l'union que je laisse dans ma famille. J'étais bien sûr, cette nuit, que Dieu ne me retirerait point de ce monde, avant que j'eusse fait ce que je veux faire avec vous.* »

Il prit ensuite son testament olographe, avec quelques autres mémoires écrits de sa main. Il exigea de Mme la Chancelière qu'elle le lût d'abord tout entier, et il la chargea de m'en expliquer les dispositions, dont apparemment il n'avait pas voulu me faire part lui-même, pour ménager ma tendresse et la sienne. Il y ajouta, ce que je ne saurais répéter sans verser de nouvelles larmes de reconnaissance, qu'il voulait sur toutes choses que je fusse content; que, s'il y avait dans son testament quelque article qui me fît la moindre peine, il le changerait, et qu'il était persuadé que Dieu lui donnerait le temps de le faire.

Mme la Chancelière, qui pouvait répondre de mes sentiments comme des siens, l'assura que je serais encore plus touché de cette marque infinie de sa bonté que de tout le bien qu'il me faisait...

L'objet principal de son testament, comme de celui de ma mère, avait été qu'en comparant les legs particuliers de ses autres enfants avec le legs universel qu'ils faisaient en ma faveur, il se trouvât que j'eusse au moins une double part dans leur succession, comme s'ils eussent voulu imiter, en ce point même, les mœurs des anciens patriarches qu'ils avaient si bien retracées dans toute leur vie. Mais, depuis que mon père avait fait son testament, il avait reçu le paiement de plusieurs dettes sur lesquelles il ne comptait pas trop et qui avaient augmenté sa succession d'environ 100,000 livres.

Sa justice naturelle, et la proportion qu'il voulait établir entre ses enfants, demandaient que cette augmentation, qui aurait tourné au profit du légataire universel s'il n'en avait pas disposé autrement, fût partagée entre tous ses enfants, sur le même pied que le reste de la succession. Il le voulait ainsi par équité, mais en même temps par bonté pour nous. Il ne voulait pas l'écrire dans la forme ordinaire d'un testament : il s'était contenté d'en faire un simple mémoire, où il ajoutait 40,000 livres au legs de mon frère l'abbé pour le dédommager de la diminution des rentes sur l'hôtel-de-ville, et il dit à Mme la Chancelière qu'il laissait exprès cette espèce de disposition imparfaite, afin qu'après sa mort je pusse avoir la satisfaction de faire, pour mes frères et mes sœurs, ce qu'ils avaient fait pour moi après la mort de ma mère, en exécutant à leur avantage une volonté informe de mon père, comme ils avaient exécuté en ma faveur le testament informe de ma mère; et, en effet, l'objet de cette compensation réciproque d'honnêteté était à peu près égal des deux côtés [1].

1. Le Chancelier nous a laissé des détails d'un haut intérêt sur la circonstance qu'il se borne ici à mentionner. Il s'agit du testament de sa mère, que tous avaient respecté comme une chose sacrée, bien qu'il n'eût pas été fait dans

Mme la Chancelière lui témoigna combien elle sentait tout le mérite d'une attention si singulière à ménager la pudeur d'un fils aîné, qui avait eu le déplaisir de se voir vaincu en générosité par ses cadets. J'en fus pénétré lorsqu'elle m'en fit part, et je n'oublierai jamais cette bonté d'un père mourant, qui ne pensait qu'à augmenter, s'il était possible, l'union de sa famille, en y conservant une juste proportion non-seulement dans les biens, mais dans les procédés mêmes. Je lui en témoignai, aussitôt que je le pus, ma vive reconnaissance, et je l'assurai, ce qu'il n'eut pas de peine à croire, que je respecterais encore plus sa mémoire que son testament même.

Mon père ne se contenta pas d'avoir expliqué ses intentions à Mme la Chancelière ; il voulut entrer avec elle dans le détail du bien qu'il laissait à ses enfants ; et elle vit que, par une exactitude sans exemple, il avait pris la peine de faire lui-même un état fidèle de ce que produisait le legs universel qu'il me faisait par son testament.

Son attention, soutenue par la force extraordinaire que Dieu lui donnait, alla encore plus loin : il l'instruisit de plusieurs faits particuliers, dont la

les formes légales. On trouvera ces détails relatés dans notre second volume.

connaissance pouvait être nécessaire, et dont il rappela toutes les circonstances avec une liberté et une présence d'esprit presque incroyables. Mais surtout, il lui expliqua l'usage qu'il voulait que nous fissions des appointements qui lui étaient dus, et de quelques autres arrérages qui seraient payés après sa mort. Comme il n'en avait pas eu besoin pour soutenir sa dépense courante, son intention aurait été de les employer en fonds à mesure qu'il les aurait reçus, en prenant toujours une part pour les pauvres qu'il ajoutait, comme je l'ai déjà dit, au nombre de ses enfants. Il dit donc à Mme la Chancelière qu'il comptait que j'en userais de la même manière, lorsque ces sommes rentreraient, voulant que les pauvres ne perdissent rien à sa mort et qu'ils le retrouvassent dans la personne de son fils. Vous ne doutez point, mes chers enfants, que nous n'ayons accompli religieusement cette pieuse destination ; et plût à Dieu qu'il nous fût possible de nous conformer aussi fidèlement à son exemple dans tout le reste !

Telles furent les principales choses que dit mon père dans cette conversation, qui dura très-longtemps, sans qu'il parût fatigué. Il voulut qu'elle emportât avec elle son testament et les mémoires qu'il y avait joints, pour me les faire voir et en être dépositaire jusqu'à sa mort, lui répétant encore que, s'il avait quelque autre chose à faire pour sa famille, Dieu permettrait qu'il eût le temps de l'achever.

Quelle alarme n'aurait-on pas prise, dans une autre famille, d'une conversation secrète qui dura plus de deux heures, et dont on vit sortir madame la Chancelière avec un portefeuille à la main? Mais mon père avait inspiré son esprit à tous ses enfants; aucun d'eux n'en conçut la moindre inquiétude, ils ne demandèrent pas à madame la Chancelière ce que mon père lui avait dit, ni si c'était son testament qu'il lui avait confié. Ils se livraient simplement à la justice et à la bonté d'un tel père, et, j'ose dire aussi, aux sentiments de celle qu'il avait honorée du dépôt de ses dernières volontés.

Mon père, content d'avoir fini tout ce qui lui restait à faire dans ce monde, se remit au lit dont il ne devait plus se relever, sans qu'on remarquât en lui la moindre agitation, et paraissant même plus tranquille que lorsqu'il s'était levé.

Le soir, il eut, comme les autres jours, un redoublement; et sa respiration, faisant entendre une espèce de sifflement considérable dans sa poitrine, son confesseur qui le crut très-mal voulut commencer à réciter auprès de lui les prières de l'agonie ; il prenait même quelques paroles peu suivies qui échappaient à mon père pour l'effet d'un transport au cerveau. Mais le médecin l'avertit que le mal n'était pas aussi pressant qu'il le paraissait, et que l'accablement de la tête et de la poitrine ne demandait, en ce moment, que du repos. Mon père s'endormit, en effet, bientôt après. Son sommeil dura peu ; mais il se réveilla avec une si grande liberté d'esprit qu'il demanda qu'on lui lût quelques psaumes. M. Guyart choisit les deux premiers de la pénitence. Mon père n'entra pas seulement dans les réflexions que son confesseur mêlait de temps en temps à cette lecture ; il y joignait les siennes sur les versets qui lui paraissaient les plus touchants et dont on voyait que son âme était toute pénétrée.

Il passa le reste de la nuit assez tranquillement, sans vouloir souffrir qu'aucun de ses enfants veillât auprès de lui.... Il voulut être obéi sur ce point, craignant dans ces moments même, comme il l'avait fait toute sa vie, que les autres ne s'incommodassent pour lui, et moins occupé de son mal que de la santé de ses enfants. Il fallut donc exécuter ses ordres en nous retirant, ou du moins en ne paraissant plus devant lui.

Nous n'étions guère en état de prendre du repos, non-seulement par la triste situation où était mon père, mais par l'impatience où nous étions de voir arriver mon frère de Valjouan, dont nous craignions toujours que notre courrier n'eût pu retrouver la trace. Enfin, entre minuit et une heure, le bruit que fit sa chaise, en entrant dans la cour, nous fit éprouver un moment de joie au milieu de la plus profonde tristesse. Il monta d'abord chez mon père qui, en l'embrassant, lui marqua, avec sa bonté vraiment paternelle, toute la consolation qu'il avait de le voir avant de mourir. Mon frère put à peine lui répondre par le saisissement où il était dans ce premier moment ; il essuya bientôt comme nous un ordre rigoureux de s'aller reposer et de ne reparaître que le lendemain matin...

L'après-midi du même jour qui était le lundi, madame la Chancelière lui présenta mon fils de Plimont qu'elle avait fait venir de Fresnes et qui avait alors un peu plus de trois ans [1]. Elle le fit

1. Charles d'Aguesseau, dont il est ici parlé, était le quatrième fils du Chancelier. Il devint avocat général au Parlement de Paris, et mourut à vingt-sept ans.

Comme par une espèce de pressentiment, son père lui

mettre à genoux auprès du lit de mon père, pour lui demander sa bénédiction.

« *Je vous la donne, mon cher enfant*, *et de tout cœur*, lui dit-il. *Je prie Dieu qu'il vous remplisse de son esprit et de sa sagesse, qu'il vous fasse la grâce de vivre en bon chrétien. Travaillez-y dès à présent ; appliquez-vous à vous corriger de vos défauts, et de ces petites humeurs auxquelles vous êtes sujet, afin de devenir un honnête homme.* »

En disant ces paroles, il embrassa cet enfant qui se mit à pleurer, comme s'il avait déjà senti la perte qu'il allait faire.

C'était une chose surprenante que son attention, sa fermeté, son égalité, dans tout le cours de sa maladie ; et je n'approchais jamais de son lit que je n'eusse presque dans la bouche, et au moins dans le cœur, ces paroles de l'Ecriture : *Moriatur anima mea morte justorum, et fiant novissima mea horum similia*. Je ne crois pas, en effet, que

disait un jour, au sujet d'une personne qui avait fait une sainte mort : « *La bonne vie, mon cher fils, est la préparation à une bonne mort.* »

Antoine de Courtois exprime cette pensée, dans les mêmes termes, au paragraphe XXI de ses conseils à ses enfants.

l'humanité ait jamais rien fait voir de plus grand et en même temps de plus simple. Il mourait véritablement comme il avait vécu. On eût dit qu'il n'avait fait qu'apprendre à mourir dans tous les moments de sa vie, et qu'il s'était tellement familiarisé avec la mort, par la longue habitude d'y penser, qu'il n'en était pas plus ému que de toute autre action ordinaire. Mais toujours également homme de bien, sans être touché du désir de le paraître, sa fermeté n'avait rien de philosophique. La religion seule la soutenait, et, quoiqu'elle fût devenue en lui comme une seconde nature, on ne le voyait point chercher une espèce de soulagement à produire au dehors les grands sentiments dont son cœur était pénétré, et à faire ce qu'on appelle une belle mort. Pour bien mourir, il continuait seulement de bien vivre. Toujours également occupé de ces trois grands objets qui avaient animé toute sa conduite, Dieu, sa famille, le prochain, il pensait, il parlait, il agissait sur ces trois points, comme dans sa plus parfaite santé.

Dieu tenait toujours le premier rang, et le plus grand plaisir qu'on pût lui faire était de lui en parler.

Sa famille tenait le second, mais sans le détourner du premier, parce qu'il n'y pensait que dans la vue de Dieu à qui il s'offrait continuellement avec toute sa nombreuse postérité. Madame la Chancelière lui parlant une fois de la grâce que Dieu lui faisait de ne point craindre la mort, et le priant de se souvenir d'elle et de ses enfants, lorsqu'il serait en possession du bonheur éternel : — « *Ma fille*, lui dit-il, *j'avoue que je ne suis pas assez parfait pour désirer la mort; mais, en même temps, j'ai une si grande confiance dans la bonté de Dieu et dans les mérites de Jésus-Christ que je ne saurais la craindre; et vous pouvez être assurée que, si Dieu me fait la grâce de jouir de lui dans le Ciel, vous et toute ma famille y aurez un intercesseur qui ne cessera jamais de demander pour vous les grâces et les secours dont vous aurez besoin...* »

Le même fonds de charité lui faisait aimer Dieu dans son prochain, et il mourut en le servant, comme il avait fait pendant tous les jours de sa vie. La veille de sa mort, il dicta à madame la Chancelière un mémoire assez long, dans la seule vue d'instruire des gens qu'il connaissait à peine, mais qu'il craignait qu'on inquiétât dans la suite, sur une vieille affaire dont lui seul avait la clef... Il porta encore plus loin son attention charitable; et il donna l'ordre que l'on mît à part tous les placets et tous les mémoires qui étaient entre ses mains, afin que ceux qui pourraient en avoir besoin ne fussent pas obligés d'attendre, pour les retirer, que son inventaire fût achevé...

Le lundi au soir, malgré l'accablement d'une fièvre violente qui ne lui laissait qu'une faible liberté de respirer, il demanda qu'on lui lût des psaumes, et il dit que M. Guyart lui avait déjà lu les deux premiers de la pénitence. M. l'abbé Couet lui lut donc le troisième et le quatrième; mon père l'interrompait souvent, pour lui faire expliquer les versets qui étaient ou plus difficiles ou plus dignes d'attention, et il y ajoutait de lui-même les réflexions les plus touchantes. Son médecin ne put s'empêcher de lui représenter combien cette application pouvait lui être dangereuse. « *Que voulez-vous donc que fasse*, lui répondit mon père, *si vous ne voulez pas que je réfléchisse et que je pense à Dieu?* » C'est ainsi que saint Martin disait à ses disciples, lorsqu'ils le pressaient un peu avant sa mort de se mettre dans une posture plus commode : « *Laissez-moi regarder le Ciel plutôt que la terre, afin que mon âme commence à prendre la route qu'elle doit suivre en sortant de mon corps.* » Cette comparaison n'est pas de moi, mes chers enfants; c'est le confesseur de mon père qui s'en sert dans sa relation et qui lui applique aussi ces paroles que Sulpice Sévère a dites du même saint Martin : « Elevé toujours vers le ciel, son esprit invincible aux attaques de la maladie ne se relâchait jamais de cette attention continuelle. »

Après la lecture de plusieurs psaumes, mon père voulut que M. l'abbé Couet lui fît la prière du soir. Il marqua lui-même les oraisons qu'il désirait qu'on y joignît; il se fit réciter surtout celles qu'il ne manquait point de dire tous les jours pour ma mère. Il en demanda encore une autre pour la paix de l'Église, dont il était toujours si sagement et si chrétiennement occupé...

Le mardi matin, nous le trouvâmes beaucoup plus mal; et, comme mon frère de Valjouan n'avait pu recevoir avec nous sa bénédiction, il le supplia de vouloir bien lui accorder la même grâce qu'il avait faite à ses autres enfants.

Mon père lui répondit en ces termes qui ont été recueillis avec la même fidélité que tout le reste : — « *Vous me demandez ma bénédiction, mon cher fils. Je vous la donne non pour le temporel, non pour les biens de cette vie qui passent, mais pour les biens éternels qui doi-*

vent seuls vous occuper. Je prie Dieu qu'il vous comble de ses grâces, qu'il vous donne la foi, l'espérance, la charité, l'humilité, la soumission à ses ordres, dans l'accomplissement de sa volonté et de ses desseins sur vous. Je vous recommande la lecture de l'Écriture sainte, non par un esprit de curiosité, mais pour y apprendre vos devoirs. Lisez-en tous les jours quelque chose, et faites-vous-en une étude, pour y chercher uniquement la justice et le royaume du Ciel. » Il ajouta quelques mots à ces paroles, pour recommander à mon frère de n'être pas trop philosophe; mais, comme il faisait un grand effort pour parler, nous le priâmes de se reposer un moment. Je l'assurai que nous tâcherions de profiter tous de ce qu'il venait de dire à mon frère, et je lui dis que nous le suppliions de nous bénir tous ensemble encore une fois. Il le fit, et nous recommanda en même temps de vivre toujours dans l'union, dans la paix et dans la charité...

Je voyais avec une extrême douleur les derniers moments approcher. Le râlement augmentait, la parole devenait beaucoup plus mauvaise; la force manquait à mon père, mais son attention constante pour sa famille ne lui manquait pas. Il eut la pensée d'ajouter, en ma faveur, une explication à son testament, sur des cas qu'il regardait lui-même comme presque impossibles, mais qu'il croyait plus sûr de prévoir pour l'union et la tranquillité de ses enfants. Il exigea absolument que j'en fisse le projet; je ne pus dans mon trouble l'ébaucher que très-imparfaitement. Il me marqua les changements et les corrections qu'il désirait, avec une lumière et une précision qui allaient jusqu'au prodige dans l'état où il était. Je n'en parle que pour conserver ici le souvenir de cette dernière marque de sa tendresse. Dieu qui lui avait donné le temps dont il avait besoin, pour les dispositions nécessaires dans sa famille, le retira de ce monde, avant qu'il pût consommer celle qu'il ne regardait lui-même que comme une précaution surabondante et peut-être excessive.

Quelques moments après, on vit qu'il tournait entièrement à la mort, conservant néanmoins assez de présence d'esprit et assez de force de corps, pour vouloir signer une lettre de recommandation qu'il avait fait écrire en faveur d'un homme qui avait travaillé longtemps sous lui.

Il ne survécut pas une heure à cette signature, et son confesseur jugea à propos de faire auprès de lui les prières des agonisants, pendant que mon père conservait toujours sa connaissance. Il lui demanda, en les faisant, s'il ne s'unissait pas à lui et s'il n'entrait pas dans tous les sentiments que ces prières inspirent. Mon père lui répondit qu'il le faisait de tout son cœur. Il parut le suivre avec la même attention, pendant que M. Guyart récitait les trois derniers psaumes de la pénitence. On s'aperçut, un moment après, qu'il n'entendait plus que difficilement, et il rendit le dernier soupir sur le midi, pendant qu'on récitait le psaume *Confitemini Domino quoniam bonus*, commençant ainsi en mourant le cantique des miséricordes éternelles, pour aller le continuer à jamais dans le Ciel...

III

Glorifions Dieu, mes chers enfants, de toutes les bénédictions temporelles dont il a comblé mon père; mais louons-le infiniment plus de l'avoir élevé au-dessus de ces bénédictions mêmes, pour ne désirer que celles qui ne finiront jamais; et rendons grâces à sa miséricorde qui nous donne la grande, la solide consolation de pouvoir invoquer un saint dans la personne de mon père.

Ce n'est point par de vains gémissements et par une douleur stérile que nous devons honorer sa mémoire. Je me reproche même les larmes que la triste image de sa mort m'a fait répandre si souvent en voulant la retracer...

La mort n'a fait que le dérober à nos yeux, elle n'a exercé son empire que sur la moindre partie de son être.

Tout ce que nous avons aimé et admiré dans mon père vit encore aujourd'hui et vivra éternellement, non dans la mémoire fragile des hommes, mais dans la vérité immuable de Dieu même. Adressons-nous donc continuellement à lui; il nous voit, il nous entend, il connaît mieux que nous nos véritables intérêts. Sa charité, purifiée par le feu de l'amour divin, dont il est à présent pénétré, n'en est pas moins tendre ni moins agissante pour nous.

Oui, j'ose l'espérer ainsi, âme sainte et bienheureuse, vous ne cesserez jamais de conduire vos enfants, dont vous sentez toujours que vous êtes le père. Nous vous donnons de justes louanges, et vous nous obtiendrez des vertus. C'est à vous que nous devons la vie naturelle, c'est par vous-même que nous avons reçu les prémices de la vie spirituelle. Vous avez commencé de la former en nous par une éducation sainte, par une longue suite d'instructions, par des exemples encore plus efficaces; achevez votre ouvrage...

Vous êtes dans le séjour de la paix, et nous vivons encore au milieu des troubles et des agitations de ce monde. Souvenez-vous surtout de ce fils que vous avez toujours si tendrement aimé, et qui est encore plus exposé que vos autres enfants aux orages de cette vie. Il y a déjà fait naufrage plus d'une fois aux yeux des hommes : faites que le naufrage même le conduise dans le port. C'est sans doute par un effet de vos prières que Dieu a voulu le désabuser des grandeurs humaines, en faisant servir ces grandeurs mêmes de matière à son humiliation et à sa pénitence. Apprenez-lui à mettre son sort, sans hésitation et sans réserve, entre les mains de Celui qui peut faire plus que nous ne pouvons demander ni comprendre; et, soit que Dieu continue de lui faire expier ses fautes par une disgrâce salutaire, soit qu'il l'expose encore au danger d'un retour de fortune, soutenez-le par vos prières dans l'une et dans l'autre épreuve. Soyez avec lui dans la tribulation et soyez-y encore plus, s'il est possible, dans la prospérité. Continuez de bénir ses enfants; qu'aucun de ceux que Dieu vous a donnés ne périsse. Puissions-nous avoir le bonheur de nous voir tous réunis avec vous dans la céleste patrie, et, sanctifiés par vos prières, vous regarder pendant toute l'éternité comme le digne instrument dont la bonté de Dieu se sera servi pour opérer notre salut!

Que vous dirai-je de plus, mes chers enfants, après ces vœux que je viens de former pour vous et pour moi? Ils vous montrent tout le fruit que nous devons tirer également de la vie et de la mort de mon père.

J'ai tâché de remplir dans ce récit le dessein que je m'étais proposé, de vous instruire, de vous édifier, de vous animer comme moi à la vertu par un exemple qui nous est si propre et que nous devons nous approprier encore plus, s'il est possible.

Consolons-nous donc de n'avoir pas le portrait de mon père, que sa modestie, peut-être excessive en ce point, nous a toujours refusé, et que nous avons tenté presque inutilement de lui dérober. Le peintre le plus fidèle ne nous aurait conservé que l'image périssable d'un corps qui n'est plus que cendre et que poussière. Nous aurions, à la vérité, la consolation d'y reconnaître les traits passagers de cette douce et aimable physionomie qui promettait beaucoup et qui tenait davantage; mais nous en serons bien dédommagés, si nous sommes attentifs à étudier ces traits invisibles qui formaient le caractère durable et immortel de son esprit et de son cœur. Ce serait même trop peu pour nous de les connaître, si nous ne travaillons à les faire revivre dans notre conduite. C'est à nous d'être ses portraits vivants, où le public puisse le retrouver tout entier.

Je serai bien heureux, mes chers enfants, si j'ai pu exciter en vous par ce discours une si noble émulation. Je l'espère de la grâce de Dieu et des bonnes inclinations que vous en avez reçues, vous surtout, mon cher fils, qui, plus avancé en âge que vos frères et sœurs, étiez le plus tendre objet de l'affection de mon père; vous, dont il avait prédit tout ce que vous avez si bien tenu dans la suite. Je n'attends pas moins de mes autres enfants, et j'ai cette confiance dans les prières de mon père, que, Dieu les faisant toujours croître en lumière et en religion, ils sentiront de plus en plus qu'il n'est point de vertu solide et durable que celle qui est fondée sur le plus pur christianisme.

C'est pour vous en inspirer le goût et le désir, mes chers enfants, que je suis entré dans un si grand détail sur le caractère, sur les mœurs et sur la mort de mon père. J'en retrancherais beaucoup, si j'écrivais pour le public. Peu de personnes sont capables de sentir le prix de tous les traits que j'ai tâché de recueillir, et je pourrais même dire que le monde n'en est pas digne. Mais je n'ai écrit que pour vous et pour moi, comme un fils pénétré d'amour et d'admiration pour un père dont il croit n'avoir jamais assez parlé, pour graver profondément une image si utile dans l'âme de ses enfants.

Le cœur ne connaît point de bornes, et le mien m'a mené plus loin que je ne le croyais lorsque j'ai commencé ce discours. Je ne me reproche point cet excès : j'ai dit beaucoup de choses de mon père, mais il s'en faut beaucoup que j'aie tout dit. Non-seulement je vous permets, mais je vous prie, mes chers enfants, d'en penser encore plus. Imaginez quelque chose de plus grand que ce portrait de mon père ; plus vous élèverez vos idées, plus vous approcherez de la vérité, au-dessous de laquelle j'avoue que je suis souvent demeuré par l'impuissance où je suis d'exprimer tout ce que je sens sur ce sujet. S'il faut néanmoins essayer de le renfermer dans un seul trait, je finirai ce discours en vous recommandant, mes chers enfants, comme je me le recommande à moi-même, d'aimer, de respecter, de révérer à jamais et, encore plus, d'imiter un aïeul qui, dans toute sa vie, n'a rien fait, rien dit, rien pensé même que de louable ; au-dessus de presque tous les hommes par l'élévation de son génie, et encore plus au-dessus de lui-même par l'égalité de sa raison et par la sainteté de sa religion.

TABLE DES MATIÈRES

CONTENUES DANS LE PREMIER VOLUME

LES MODÈLES

LIVRE PREMIER

Une famille rurale.

LIVRE DEUXIÈME

Une grande famille.

FIN DU TOME PREMIER.

COULOMMIERS. — Typog. ALBERT PONSOT et P. BRODARD.

LES FAMILLES

ET LA

SOCIÉTÉ EN FRANCE AVANT LA RÉVOLUTION

Par Charles DE RIBBE

Troisième édition, revue, corrigée et augmentée.
2 beaux volumes in-18 jésus : 6 fr

DEUX CHRÉTIENNES PENDANT LA PESTE DE 1720

D'APRÈS DES DOCUMENTS ORIGINAUX

PAR LE MÊME

1 volume in-18 jésus (elzévir)................... 2 fr. 50

UNE FAMILLE AU XVIe SIÈCLE

Par le Même

1 volume in-18 jésus (elzévir), deuxième édition... 1 fr. 25.

LES UTOPIES ET LES RÉALITÉS DE LA QUESTION SOCIALE

Par Xavier ROUX,

Rédacteur de la Gazette de France.

Précédées d'une lettre de M. Le Play. 1 beau volume in-18 jésus.............. [illegible]

LES HOMMES DE LA RÉVOLUTION

JEAN-JACQUES ROUSSEAU, JULES SIMON, THIERS, TURGOT

Par le Même

Prix de chaque volume in-32 jésus. 25 c.
Pour propagande................... 20 fr. le cent.

www.ingramcontent.com/pod-product-compliance
Lightning Source LLC
Chambersburg PA
CBHW071628270326
41928CB00010B/1834

* 9 7 8 2 0 1 2 6 8 4 9 3 5 *